JN083533

今すぐ
役立つ！

日本語授業

教案の作り方

横溝紳一郎　坂本正　監修・著

アルク

はじめに

　日本語教授法の授業や講演やワークショップをしていると、「色々な教え方があるのは分かりました。で、一番いいのはどれなんですか?」と聞かれることがあります。その時は「いつも一番いい教授法というのは、残念ながらありません。目の前の学習者にとって一番いいと思われる教授法をまずは選択して、それを自分なりにアレンジしてみてください」、そして「教授法の選択と使用はまさに『カスタム・メイド』の世界なので、それにチャレンジしましょう!」とアドバイスしています。

　「教案」は、そのカスタム・メイドの集大成とも言えるものです。集大成ですので、本当にたくさんのことに気を配らなくてはなりません。例えば、

- 今日の授業で教える項目は何で、それをどこまで教えるのか。
- 活動を行う順番や、それにかける時間はどうするのか。
- 本番の授業で、時間が余ったり足りなくなったりしたら、どうするのか。

等々です。授業の準備をするにあたって、「これらのことに、どう気を配ればいいのか」について、丁寧かつ確実に、一つ一つ考えていかなければなりません。「そんな作業に役立つ『教案作成マニュアル』のようなものがあれば、たくさんの方々に喜んでいただけるんじゃないか」と考えたことが、本書の執筆のきっかけとなりました。

　本書は、初めて日本語を教えることになった方でも、読み進めていくうちに教案の作り方が理解できるような内容・構成になっています。また、すでに日本語を教えていらっしゃる先生方にとっても、ご自身の教案作成プロセスをふり返る機会がたくさん得られるようになっています。読者の方々が、「よし、教案作りのことは分かった!　教案作りにチャレンジしてみよう!」という気持ちになってくだされば、とても嬉しく思います。

　本書の後半部分には、現役の先生方が実際に作成なさった教案がたくさん掲載されていて、各先生の授業への強い思い入れが伝わってきます。先生のお人柄まで見えてきて、「ああ、この先生に是非お会いしたい」「できるなら、この先生の学習者になりたい」という気持ちになったりもします。それぞれの教案を、是非じっくりとご覧になってください。

　本書の出版は、多くの方々の熱意とご協力で実現しました。ご自身の実際の授業の教案を公開してくださった先生方、私たちのキュートな似顔絵を描いてくださった横井和子さんに、心からの御礼を申し上げます。

横溝紳一郎・坂本　正

※本書は『日本語教師の7つ道具シリーズ＋(プラス)教案の作り方編』(2016年3月14日発行)に加筆・修正し、改題したものです。

本書について

■本書の対象

日本語教育に関わる全ての方が対象です。主に次のように役立つのが本書です。

日本語教師を目指す方・・・

養成講座や独学で日本語教師になるための勉強をしている方は、教案は何のために作るのか、実際の教案はどんなものなのかを知ることができます。実習などで使う教案作りに戸惑っている方も、本書を参考にしながら教案を作ることができます。

新人の日本語教師の方・・・

日々、教案作りに追われながら抱く「このような進め方や内容でいいのだろうか」という不安を解消します。よりよい授業をするための教案を効率的に作成する方法が確認できます。

日本語教師養成講座の講師の方、新人教師の指導担当の方・・・

教案作成の基本を今一度確認することで、指導の際の基準を再確認できます。それにより、受講生や新人教師を、分かりやすく実践的な教案の作成ができるように導くことができます。

■本書の構成と内容

教案に関するQ&A

教案の、聞くに聞けない8つの基本的な疑問について、丁寧に答えます。回答から、教案作りの基本を具体的に学びましょう。

教案作成のプロセス

Q&Aで学んだ教案作りの基本を踏まえて、具体的にどのような流れで教案を作っていくのかを紹介します。自身が教案を作成する際や、新人教師を指導する際の参考にしてください。

教案例

本書では22の授業について、教案を掲載しています。全て現役の日本語教師が作成したものです。教える教材や対象別に「総合教科書の教案例」「地域日本語教室の教案例」「聴解授業の教案例」「読解授業の教案例」「上級授業の教案例」「プライベートレッスンの教案例」「会話授業の教案例」「オンライン授業の教案例」となっています。それぞれの教案に、作成者による「この授業で工夫した点・学習者の反応など」と、監修・著者による「教案を読んで」が付いています。

作成者によって、授業の進め方、工夫点や教案の項目の並び順、時間の提示方法などはさまざまです。教案を一度読み、「この授業で工夫した点・学習者の反応など」「教案を読んで」を読み、また教案に戻る、という読み方をすると、教案の意図などが分かりやすくなるでしょう。

教案例教材（別冊）

教案例の授業を行う際に用いたテキストの該当部分を掲載しています。別冊部分を外し、照らし合わせながら教案を読み進めると、教案の内容や意図がより分かりやすくなるでしょう。

目　次

はじめに ———————————————————————— 2

本書について —————————————————————— 3

第 I 章　教案に関するQ&A

Q1 教案は、なぜ書くのですか? ———————————— 6

Q2 教案は誰のために、どのくらい細かく書くのですか? ——— 8

Q3 教案には何を書くのですか? ——————————— 10

Q4 教案は、どのくらい時間をかけて、
　　　どのくらいきれいに書くものなのですか? ————— 12

Q5 教案は、何を使って書くのですか? ——————— 14

Q6 教案は、授業中にどう使うのですか? —————— 16

Q7 教案は、授業後はどうするのですか? —————— 18

Q8 教案を書くときのポイントを教えてください。 ——— 19

教案作成のプロセス —————————————————— 27

第 II 章　教案例

総合教科書の教案例 ————————————————— 38

地域日本語教室の教案例 ——————————————— 78

聴解授業の教案例 —————————————————— 86

読解授業の教案例 —————————————————— 94

上級授業の教案例 ————————————————— 106

プライベートレッスンの教案例 ——————————— 110

会話授業の教案例 ————————————————— 118

オンライン授業の教案例 —————————————— 122

参考文献リスト ——————————————————— 126

監修・著者紹介／教案作成者 ———————————— 127

別　冊　教案例教材

第 I 章
教案に関する
Q&A

Q 1 教案は、なぜ書くのですか？

「**教**案」とは、「教師が実際に授業をする前に作成する、授業についての計画案」のことです。教案は、特に小・中・高の学校教育分野では「学習指導案」と呼ばれることも多いのですが、本書では「教案」という用語で統一して使用します。

では、なぜ教案を、授業を行う前に書く必要があるのでしょうか。例えば、「行き当たりばったりの授業を避けるため」という回答が考えられます。では、「行き当たりばったりの日本語の授業」って、どんな授業なのでしょう。想像してみると、

- 先生が教室に入ってきて、「今日はどこからだったっけ」と学習者に聞いてから始まる授業
- なぜその教室活動をそのタイミングで行うのか、目的が教師にも学習者にもはっきりしていない授業
- 教室活動をするための教材・教具の準備が足りず、効果的な学習が生まれない授業

などが挙げられるでしょうか。学習者の立場からすると、こんな授業は確実にNGですね。いい日本語の授業をするには、事前に綿密な計画を立てることが必要不可欠で、それを記したものが教案なのです。

では、教案を書くことは、日本語教師にとって、どのようなメリットがあるのでしょうか。例えば、こんなメリットが考えられます[1]。

- 授業で達成する目標が明らかになる。
- その目標を達成するための方法がイメージできる。
- 授業で行う活動と、それを行う順序が確認できる。
- 学習者の活動と、それを支える教師の役割の確認ができる。
- 授業を振り返り、授業を改善することに役立つ。

これだけのメリットがあるのですから、「書かない理由はない」と断言してもよさそうです。ただ、その一方で「素晴らしい教案を書いたとしても、実際に授業をしてみると、思った通りに行かないことも、結構多いんじゃないの？」という、教案作成のメリットについての疑問がないわけではありません。この疑問は、「教師の『こうすればうまくいくだろう』と立てた予測には限界がある」という考えに基づいています。この限界はどこから来るのか、その理由を考えてみましょう。

教室には、当然のことながら学習者と教師が、いわゆる「当事者」として存在しています。ですから、その教室で行われる授業は、教師が一人で作り上げるものではなく、「教師と学習者が一緒になって創造していくもの」と捉えられるべきでしょう。教室内で一緒にいい授業を創造していくために、授業中、教師は、学習者の様子を、「（立てた計画を）このままでいいかなあ、変える必要があるかなあ」と観察し続けているのです。学習者の様子に影響を与えるものには、例えば「指導技術、授業の運営方法、指示の出し方、学習者の活動へのフィードバック、学習者との人間関係」など[2]、たくさんの要素があります。これだけたくさんの要素が交じり合いながら、「授業が思い通りいくかどうか」に影響を与えているのです。それゆえ、教案はあくまで「案」であり、「その通りに事が運ぶかどうかは、やってみなければ分からない」という結論になります。

　しかしながら、授業自体がやってみなければ分からないものであったとしても、しっかりとした教案を事前に書くことには、大きな意味があると思います。教案を作成する段階で教師は、さまざまな場面・状況を想像・熟考する作業に真剣に従事します。この経験が、授業中に起こる想定外の出来事への対処に役立つだけでなく、教師に安心感を与えてくれるからです。

　教案作成は、いろいろな面で、教師に力を与えてくれる（empowerしてくれる）「強い味方」です。そして、いい教案を書くことは、いい授業の実現への一番の近道だとも言えるでしょう。

1　阿野(2011：10−11)を参照。
2　本多(2011：38)より。

Q 2 教案は誰のために、どのくらい細かく書くのですか？

一口に「教案」といっても、実は、書く目的や誰を読み手として書くかによって、さまざまな形式や内容があります。例えば、研究授業などの他人への「公開」を目的とする場合は、少なくとも「教材観」「学習者観」「レッスンの指導計画」「その授業の指導計画」のような4つの項目について書かなければなりません[1]。

①教材観

　その授業で取り扱う教材で、教師が何を教えたいかを述べます。教材の内容を通して学習者に伝えたいことや、その言語材料で教えたい文法事項などを明らかにします。

②学習者観

　その授業で教えようとする学習者が、どのような環境で生活し、どのようなクラスで学んでいるのか、また日本語を学習する意欲は高いのかなどについて述べます。

③レッスンの指導計画

　その授業がそのレッスン（第○○課）の中でどの部分に当たるのかを示し、レッスンの中で果たす役割について述べます。

④その授業の指導計画

　1コマの授業を「導入」「展開」そして「まとめ」などに分けて、授業の流れが把握しやすいように工夫して細かく記述します。

　研究授業などで授業を公開したりするときは、①〜④まで全てを詳細に記述する必要があるので、教案が長めになる傾向があります。その一方で、他の人に見せるためではなく、自分自身がよい授業を行うために教案を書く場合は、④のみで十分です。また、教育実習で指導者や他の実習生に授業を見てもらう場合も、通常は教育実践の場を共有していますので、④のみで十分でしょう。

　④をどの程度細かく書けばよいのかについては、「特に決まっていない」「自分にとって使いやすいものであればよい」など、さまざまな意見があります。これは、教える技術が教師によって異なるように、「何をどの程度書いておけば授業の全体像がイメージできるか」が教師によって違うからです。であるとすれば、「どのくらい細かく書くか」についての解答は、次のようになるでしょう[2]。

・教師自身が授業全体をイメージできるくらい細かく書く

　また、教案を書くこと自体に時間がかかりすぎ、教材（授業で使用するプリントなど）の準備にかける時間が十分に取れなくなったり、継続的に教案が書けなくなったりするのは本末転倒ですので、次の解答も加える必要があるでしょう。

・続けられる程度の細かさと量にする

　この「続けられる程度の細かさと量」を調整する方法の1つとして、「略語」の使用が考えられます。例えば、「教師」＝「T」、「学習者」＝「S」、「学習者たち」＝「Ss」などです。自分自身がよい授業をするために教案を書くのですから、自分が確実に分かる略語であれば、多用していいと思います。その一方で、詳細に書いておいた方が授業中に役立つだろうと考えられる部分、例えば「教室活動の指示のことば」などは、詳細に書くべきでしょう。

　本書で紹介されている教案の執筆者の中にも、これらの点を押さえた教案作成をしている方が多く見られます。その教案の中には、かなり詳細にわたる記述が数多く見られますが、それは読者の皆さんに理解していただくためです。執筆者の方々が純粋に自分の授業用に教案を作成する場合は、もっと手作り感のあるシンプルなものが多いとご理解ください。

1　三浦・深澤（2009：139–140）に基づき、筆者が日本語教育用に加筆・修正した。
2　肥沼（2011：15）に基づく。

Q3 教案には何を書くのですか？

では、1回の授業の指導計画には、何を書いていけばよいのでしょうか。まず書かないといけないのは、この授業で学習者に何ができるようになってほしいかという「目標」です。「この授業が終わったときに、ここまでできるようになっていてほしい」という願いを定め、それをできるだけ具体的に記述しましょう。

目標が決まったら、それを達成するための計画を考えます。次に、1コマの時間内でどのような教室活動をどのような順番で、どれだけの時間をかけて行うかを決めます。教案に通常書き込まれるのは、以下のような内容です。

時間	費やされる時間および時間経過
各活動での学習項目	その活動では、何を教え／学ぶのか
学習者の活動	学習者が言うこと／行うこと
教師の活動・板書	教師が言うこと／行うこと／書くこと
教材	使用する教材や教具
留意点	注意すべきこと

これらを書き込む際には、表を使って時系列に並べると、授業全体の流れが把握しやすくなります。

時間	項目	学習者の活動	教師の活動・板書	教材	留意点
9:00	導入 「(名詞)で、〜」	電車が遅延や運休したときの経験を話す 遅延や運休の原因・理由を考える S：(人身)事故、地震、大雨、台風、強風…	話題：鉄道の遅延、運休 T「学校に来る時、電車が遅れたことがありますか」	PC：山手線運休	Sに身近な出来事である「遅延」「運休」の話から展開させる

教案は、「この授業が終わったときに、ここまでできるようになっていてほしい」という教師の願い、すなわち「目標」を達成するために具体的に記述する「計画案」なので、学習者を常に主体として考えながら書く必要があります。表を使って時系列に並べる際にも、このことを忘れてはいけません。

上の表では、左から、時間、学習項目、学習者の活動、教師の活動・板書、教材、留意点、の順に並べてあります。どの順番で並べるかは、授業をする教師自身が「使いやすさ」で決めればよいのですが、配列に関しては、大きく分けて2つの意見があるようです。

[時間→学習者の活動→教師の活動→教材→留意点の順]

　学習者の活動を教師の活動の左に配置する形です。この順番にする理由としては、次のようなものが挙げられます。

・授業は学習者の活動で進んでいくものであり、その活動をさせるために教師は何をしたらいいか考えるのが自然な流れである[1]。
・この順で書く方が「学習者の学習をサポートする教師」として行うべきことを具体的に考えやすい[2]。

　学習者を常に主体として考えようとすると、この [時間→学習者の活動→教師の活動→教材→留意点] という流れが自然です。それゆえ、本書では主にこの並べ方を採用しています。

[時間→教師の活動→学習者の活動→教材→留意点の順]

　「教師の活動」を「時間」のすぐ右に配置すると、「今この時間は、私は○○をしなければならない」ということが明確になります。特に「脚本」や「部分的脚本」という形で、教師と学習者の具体的なやりとりを教案中に書く場合は、この並べ方がよく使われます。自分自身の行動が明確になりますので、この項目配列を使っている先生方は、たくさんいらっしゃいます。私自身もずっと、この配列に慣れ親しんできました。

　この2つの配列順序のどちらを採用するかは、各教師が「自分自身が良い授業をするための使いやすさ」で決定すればよいと思います。しかしながら、「教師の活動→学習者の活動」という順番を採用したとしても、「学習者の活動→教師の活動」という配列順を心に留めておくことはとても重要です。なぜなら、学習者の活動を中心に据えることが、教えるにあたって非常に重要なことだからです。教案を作成していると、つい「私（教師）がこうするのだから、学習者はきっとこう反応するはず、いや、こう反応すべき！」と、いつの間にか教師が活動の中心になってしまうことがよくあります。教師が中心になって学習者が見えなくなるのを避けるためにも、「学習者の活動をサポートするのが教師の役割」であり、「主役は学習者で教師は黒子的な存在」であることを忘れないように心掛けましょう。

1　瀧沢(2015：125－126)を基に、筆者が日本語教育用に加筆・修正した。
2　阿野(2011：11))を基に、筆者が日本語教育用に加筆・修正した。

Q4 教案は、どのくらい時間をかけて、どのくらいきれいに書くものなのですか？

「Q1. 教案は、なぜ書くのですか？」で取り上げたように、教案を作成することは、いい授業を実現するための大きな力となります。その一方で、「教案など書かなくても授業はできる」「忙しくて教案を書いている時間などない」と考える日本語教師の方がいらっしゃるのも事実でしょう。ここで問題となるのが、「教案作成にどのくらい時間をかけるべきなのか」という点です。このことに関して、あるベテラン日本語教師は、教案作成にたくさんの時間をかけた経験を、次のように振り返っています[1]。

　　　そうですねえ。私も教め始めた頃は、90分の授業をするのに、10時間以上、準備に時間をかけていましたよ。先輩たちの授業を見せていただいたときはスーッと流れるように授業が進むので分からなかったんですが、いざ自分で教案を作ってみるとその大変さが分かって、何度も泣きたくなったものです。

　90分の授業に10時間以上とは、確かに泣きたくなるような大変さです。このようにたくさんの時間がかかってしまうのは、この先生が「分かりやすい説明を、分かりやすい例文を、分かりやすいコンテクストを、分かりやすい練習を」と一生懸命に考えたからだろうと推察します。私自身も、日本語教師になりたての頃は、かなりの時間を教案作成に費やしていました。まだまだ知識や経験が不足している中で、「分かりやすくて、楽しくて、たくさんの学びのある授業」を目指していたのですから、長時間かかるのも仕方のないことだったなと、その頃のことを思い出します。

　このようにまだ経験が浅い場合は教案作成にとても時間がかかるものなのですが、1つの学習項目について、いろいろな角度から考え工夫して教案を作成した経験があると、たとえそれが未熟なものであっても、使用する教科書／教材が別のものになったりしたとしても、もう一度その同じ学習項目を教えるときには、新たな教案作成の大きな力になることがほとんどです。その結果、教案作成にかかる時間も徐々に短くなってきます。ベテラン日本語教師の多くがこの体験をしているので、「教案作成は、最初のうちはたくさん時間がかかって大変ですが、一生懸命やりましょう。それを続けていると、少しずつ教案作成のコツがつかめるようになり、作成時間が短くなっていきます」と言う方が多いのだと思います。

　「どのくらい教案をきれいに書くべきか」は、「Q2. 教案は誰のために、どのくらい細かく書くのですか？」と関連があります。研究授業などで他の方に読んでもらうために作成する教案は、きちんと形を整える必要があります。その一方で、自分

自身のためだけに書く教案の場合は、きれいである必要もありませんし、きれいにするためだけにたっぷり時間をかけるのも、もったいない話です。自分だけが分かればよいのですから、自分なりの略語を使っても構いませんし、イラストなどを描いてもいいでしょう。ただ、「どんなに汚くても、簡素化しても構わない」というわけではありません。ものには限度があります。作成した教案が汚すぎ／簡素化しすぎの状態で、「これは何が書いてあるんだ？」と、作成した教師自身が授業中に混乱してしまうような教案は、絶対に避けなければなりません。

1　坂本・大塚(2002：51)より。

Q 5 教案は、何を使って書くのですか？

教育実習などで、所定の用紙への記入を求められる場合は、それを使用しましょう。自分の授業のためだけに教案を書く場合は、基本的には何に書いてもいいのですが、一番大切なのは「使いやすさ」です。現職の日本語教師に聞いてみると、以下の3つのものに書いている方が多いようです。

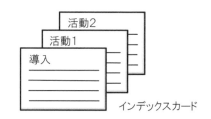

インデックスカード

a. Ａ４など普通のサイズの紙
　（1枚、または複数枚）
b. インデックスカード
c. 教案ノート

　それぞれに「使いやすさ」があります。「a. Ａ４など普通のサイズの紙」1枚にまとめて書く場合は、一目で見やすく、あとでファイルに入れて整理することが簡単です。「b. インデックスカード」を使う先生は、「活動別に1枚ずつ使うことも可能で、持ちやすい」と感じています。「c. 教案ノート」を使用する場合は、たくさんの情報を記入する十分なスペースを得ることができます。どのタイプを使用するかは、実際に授業の中で使ってみて、使いやすさで判断すればいいでしょう。

　教案への記入に関しては、パソコン（PC）などを使って「活字」で行うか、「手書き」にするか、という選択もあります。上記のa. b. c. と組み合わせて考えると、「活字」向きなのは、「a. Ａ４など普通のサイズの紙」であり、「c. 教案ノート」は手書き向きです。「b. インデックスカード」は、どちらにも対応可能でしょう。

　私自身もこれまで、活字／手書きの両方で教案記入をしてきた経験があります。それぞれのメリットは、こんなところでしょうか。

［活字］
・データとして残すことができるので、次回同じ所を教えるときの教案作りを一からやり直さなくてもよい。
・見やすい。
・絵や写真、グラフなどを簡単に貼り付けられる。
・順番の入れ替えが容易。
［手書き］
・教案書きにかかる時間が、比較的短い。
・学習期間（例えば、学期）ごとに教案ノートとして保存することで、自分自身の教師としての成長を振り返ることができる。

いずれの場合も、授業中にパッと見て、書かれてある内容がすぐに分かる状態でなければならないことは、言うまでもありません。

　最近はiPadなどのタブレットで教案を作成する人もいます。タブレットの場合、キーボード入力ができないので不安だと思う人がいるかもしれませんが、別売りされているキーボードを購入し、WordやExcelなどを使って、PCと同じように教案を作成することも可能です。教案作成にPCのほうが使いやすい人はそちらで教案を作成して、あとでタブレットに教案を転送するといいでしょう。

　また、タブレットで教案を作成した場合の効果的な使い方を紹介します。新しい文型を練習するとき、まず機械的なドリル練習をよく行いますね。そのときに、既習の語彙をフルに使って、教案にたくさんのドリル用のキュー[1]を準備すると思います。例えば、「～ないでください」という文型を練習するとしましょう。その場合、教案に、

　　食べる／書く／飲む／…

と既習の動詞をたくさん書いておいて、授業で学習者に

　　食べないでください／書かないでください／飲まないでください／…

と言わせて、練習するというやり方です。この場合、口頭でキューを出すわけですが、同時に動詞自体も目で確認させたいと思うことがありませんか。タブレットに教案を入れておくと、その場で指で簡単に文字を拡大して示せるので、口頭でキューを出したすぐあとで、学習者にキューで言った動詞を目で確認させることができるという利点があります。耳で聞いて、目で確認しながらの練習が簡単にできることになります。

　ことばのキューではなくて、絵やイラストや写真などをキューとして見せる場合もありますね。WordやExcelなどを使って教案を書く場合、それを教案に小さく張り付けておいて、授業ではスクロールして拡大して見せるということもできます。

　このように教案の一部を一瞬のうちに拡大して見せたり、教案に張り付けた絵やイラストや写真などを上手に使ったりして、楽しい口頭練習ができるような教案を作成してみましょう。紙と鉛筆を使っての教案作成、そして、生活の一部になったPCやタブレットを活用しての教案作成、どちらにも柔軟に対応できるといいですね。

1　学習者の発話を引き出す「きっかけ」のようなもの。この場合は、学習者から「～ないでください」という発話を引き出すための工夫を指す。

Q 6 教案は、授業中にどう使うのですか？

教案は、授業中は「進行予定表」の役割を果たします。予定表ですから、書かれた内容を確認しながら授業を進めていくのですが、その教案はどこにあればいいのでしょうか。大きく分けて「教師が手に持つ」と「教壇の上に置く」の2種類あり、それぞれ、メリット・デメリットがあります。

	メリット	デメリット
教師が手に持つ	（1）教案がいつもすぐ近くにあり、内容確認がしやすい （2）学習者への視線をあまり切らずに教案を見ることができる	教材・教具を手にするときは、一時的にどこかに置くという手間がかかる
教壇の上に置く	教材・教具を手にするときの、一時的にどこかに置くという手間が気にならない	（1）内容確認のため、教案に近寄る必要がある （2）教案の内容を確認する際に、学習者への視線が切れがち

教師が手に持つ場合

教壇の上に置く場合

「教案を手に持って授業を進める」場合は、一時的に教案を置くときに、その位置を忘れないようにしなければなりません。慣れないうちは、置く場所を決めておくのもいいかもしれません。「教壇の上に置いて授業を行う」場合は、自分が見やすい位置をあらかじめ決め、そこに教案を置くことになります。あらかじめ決まった位置なので、授業の途中で場所が分からなくなることはあまりないのですが、使用した教材・教具を教壇の上に無計画に置いていくと、教案の場所が分からなくなることがありますので、気を付けましょう。

教案は、授業の「進行予定表」ですので、正確に進行するために授業中にチョコチョコ見てもよさそうなのですが、あまり頻繁に教案に目をやると、学習者の集中力が低下したり、教師自身が自信なさそうに見えたりすることがあります。学習者の言動に注意を払いながら授業を進めていくためにも、１コマの流れをある程度は頭に入れた上で授業に臨むことが必要でしょう。

ある程度の流れを頭に入れておくためには、リハーサルなどを事前に行っておけばよいのでしょうが、いつもそんなに時間的な余裕があるとは限りません。リハーサルができない場合は、

（１）「流れのメモ」を作成し、授業中はそれを時々見るようにする
（２）教案上であらかじめ、流れの部分を太字にしたり、色を変えたりして強調し、見やすくしておく
（３）使う例文などの大切な部分を選んで、付せんに書き出して見やすくしておく
（４）授業中に使用する教材を授業の流れに沿う形で準備し、教材をその順番で使用すれば、教案通りの進行になるようにしておく

などの方法があります。

Q 7 教案は、授業後はどうするのですか？

教案は、授業前に立てた計画／案であって、その通りに事が運ぶかどうかは、やってみなければ分かりません。ですから、教案と実際に授業で起きたことを比較対照し分析することで、多角的な振り返りが可能になります。振り返るのは例えば、以下のような点です。

・時間配分は適切だったか
・学習者にとって分かりにくい／難しそうな活動はどれだったか
・新出語や文法説明などは分かりやすかったか
・出した例文は分かりやすいものだったか
・視聴覚教材などは分かりやすいもので、みんなからよく見えたか
・学習者全員に適切な学びの機会を提供していたか
・予想外のことは起きなかったか、起きたときの対応はどうであったか

これらの観点で授業を振り返り、その原因とどうすればよかったのかについて考えることで、次の授業に向けての改善点が見えてきます。教える科目が何であれ、教育は連続した営みです。さらなる発展を目指すためにも、授業での問題点や課題を明らかにして、教案に基づく振り返りを行う必要があります。

私自身は、毎回の授業後にできるだけ早く、振り返りの時間を設け、活字であれ手書きであれ、振り返った内容を赤字で書き込むようにしています。こうすることで、次の授業で、同じ間違いを犯すことが避けられます。また、授業中に学習者に与えた指示や宿題なども、授業後に教案に赤字で書き込んでおけば、忘れずに済みます。

日本語教育の現場では、1つのクラスを数名の教師が交代で担当することが少なくないのですが、教師同士の情報交換の際に、上掲のような教案と授業後の振り返りを共有できれば、授業中に起こった出来事について、正確で詳しい情報を得ることができます。他の先生の教案および授業後の振り返りを見ることにより、「ああ、こういう方法もあるのか」「○○先生の授業ではこんなことが起きているのか」など、たくさんの学び合いが生まれます。教育現場全体の授業改善にもつながりますし、教師間の連帯感も生まれますので、教案と授業後の振り返りの共有を、強くお勧めします。

8 # 教案を書くときのポイントを教えてください。

その1 教案は、バックワードで書こう

　教案を作っていると、「あれもこれも」と、教室活動を欲張ってしまいがちです。すると、時間通りに終わらない、という問題が生じやすくなります。それを避けるためには、授業の最後から最初までを逆算して教案を考える「バックワード・デザイン」が有効です。例として、50分の日本語会話授業を、5段階（およそ10分ずつ）に分けてデザインしてみます。この授業の目標を、「自分の部屋の説明ができる」としましょう。この目標が授業中に達成できたかどうかを評価するためには、学習者に「自分の部屋の説明」をさせなければなりません。とすれば、授業の最後の活動は、「自分の部屋についてのプレゼン」となります。その前に必要になる活動は、きっと「プレゼンの練習」でしょう。ではその前の活動は、何になるでしょうか。おそらく「プレゼン内容の作文」でしょう。その前に行うべき活動は、「プレゼンで使える文型の導入または復習」あたりでしょうか。では授業の一番最初に行うべき活動は、「最後のプレゼンや文型練習／復習で出てくるであろう語彙の導入」などが考えられます。

目標：自分の部屋の説明ができる
40〜50分：自分の部屋についてのプレゼンをする
30〜40分：プレゼンの練習をする
20〜30分：プレゼン内容の作文をする
10〜20分：プレゼンで使える文型の導入／復習
0〜10分：プレゼンや文型導入／復習で出てくる語彙の導入

　このような考えで授業のデザインをするときには、インデックスカードが役立ちます[1]。5枚のカードの表にそれぞれ、行おうと思う教室活動と、準備するものを書きます。

語彙の導入 文字カード、 絵カード	文型の導入 ／復習 絵カード	各自、 プレゼン内容の 作文 下書き プリント	各自、 プレゼン練習	みんなの前で プレゼン

書き終わったら、各カードの裏面に、教師の質問や指示などを書きます。

絵カードを 見せながら はい、これはなんで すか？ **語彙** 本棚、机、いす、テー ブル、上、下、左、右、 横、など	**板書** 「～に...があります」 「～に...がいます」 **部屋の絵を見せな がら** 「～に...があります ／います」の文をた くさん言う。	**プリント配布** **指示** 「～に...があります／ います、をたくさん 使って、皆さんのお 部屋を紹介してくだ さい」 **机間巡視** 学習者の作文を個人 指導する。	**机間巡視** 学習者のプレゼン 練習を個人指導す る。	**指名** 学習プレゼンを行う 学習者を指名する。 **フィードバック** 各プレゼンにフィー ドバックを与える。

　カードを使うのには、理由があります。それは、自分自身で教室活動の流れがしっくりくるまで、何度も並べ替えや書き換えができるからです。教室活動一つ一つだけでなく、各活動のつながりまで見通すことができます。各活動を有機的につなげることができれば、授業全体の目標を実現することが可能になります。このような「バックワードによる授業デザイン」は、全ての授業に応用可能です。

 その2　教案作成の前に、教科書や教材の分析をしっかり行おう

　教案を作成するにあたって、ある教科書や教材が与えられると、「ここからここまでを全部、教科書／教材の順番に沿って、授業で行わないといけない」という気持ちが教師に生じることがあります。そんなときは、「本当にその順番のままでいいのか」「出てくる練習などは全部すべきなのか」「足りない練習はないのか」などの視点で、考える必要があります。多くの初級の教科書は、１つの課でいくつかの文法項目を取り扱っています。例えば、こんな構成の教科書があるとします。

　　　第○○課
　　1.　基本対話（文法項目Ａ～Ｄが全て含まれている）
　　2.　語彙リスト
　　3.　文法説明（文法項目Ａ～Ｄの順で）

4. 機械的ドリル（文法項目A〜Dの順で）
5. 会話練習（文法項目A〜Dの順で）

　この教科書を、1〜5の順で進めていくと、A〜Dの順で、何度も学習項目が出てくることになり、1つの文法項目に焦点を当てた練習がしにくくなります。1つの文法項目に焦点を当てるためには、例えば、こういう仕分けが必要になるでしょう。

　　第○○課の第△時間目の授業
1. 基本対話（文法項目A〜Dが全て含まれているが、特に文法項目Aに注目させる）
2. 語彙リスト（文法項目Aの文法説明、機械的ドリル、会話練習で出てくるもの）
3. 文法説明（文法項目A）
4. 機械的ドリル（文法項目A）
5. 会話練習（文法項目A）

　こうすれば、この時間は文法項目Aに焦点を当てた授業になります。次に考えなければならないのが、「文法説明は教科書通りでいいのか」「機械的ドリルの量や質は適切か」「会話練習の量や質は適切か」などの吟味です。これらの吟味をしっかりと行って初めて、いい教案を作成することができます。教科書・教材分析をしっかりと行うようにしましょう。

その3　静と動のバランスを取るようにしよう

　授業にメリハリをつけるためにも、授業の中に「静」の時間と「動」の時間を設け、それをバランスよく配置すると、いい授業の実現に近づきます。学習者も人間ですから、集中できる時間には限界があります。学習者が子どもの場合は、なおさらです。意識的に「静」と「動」を使い分け、メリハリを利かせた授業の流れを作ることが、教師には求められます。授業をしている場面をイメージして、「静」の時間と「動」の時間の長さと配置にも気を配りましょう。授業中に「静」の時間になる活動には、次のようなものがあります。

・教師の話を聞く
・リスニングの問題を解く

・作文を書く
・文法問題を解く

「動」の時間を生み出す活動としては、次のようなものが挙げられます。
・ペアワーク
・ロールプレイ
・音読
・パターン練習などのドリル活動

その4　脚本書きをしてみよう

　授業本番の様子をしっかりとイメージするために、「脚本（シナリオ）書き」をすると効果的です。「脚本書き」とは、授業中に「自分が言うだろう」あるいは「学習者がこう答えるだろう」と、教師が自分で予測する言葉を「脚本」として書くことを指します。授業全体の完全な脚本を書くことも可能なことは可能ですが、あまりにも時間がかかります。そこで「部分的脚本」という考えが出てきます。「部分的脚本」では、次のような項目に関して、教師／学習者が言うだろうと思うことを書いておきます。

・教室活動を導入するときに言うこと
・教室活動の行ない方の指示（特にペアワークやグループワークの場合）
・文法の説明
・教師と学習者間の、また学習者間のモデル対話
・授業の始めと終わりに言うこと

　これらのことをアドリブのみで行うのは、特に授業経験が少ない教師の場合は難しいと思います。よりスムーズな授業展開が行えるように、部分的脚本を書いてみましょう。

その5　リハーサルをしてみよう

　教育実習生のように経験が浅い教師の場合、教案を書く際に、授業の様子を具体的にイメージしてみようとしても、なかなか難しいです。そのようなときは、実際に授

業の最初から最後まで、リハーサルしてみると効果的です。口や体を使ってリハーサルをしてみると、授業をイメージできます。「説明が長すぎる」「指示が不明確」「文字カード／絵カードの取り扱いに戸惑ってしまう」「単語のアクセントの位置が違う」などは、実際に行動してみて初めて分かりますし、各活動にどのくらいの時間がかかるのかも分かります。リハーサルを行う際に、自分の声を録音して聞いてみると、「自分の声はどういう音質か」「分かりやすい話し方」「声の大きさは適切か」などについていろいろと反省材料が見つかるかもしれません。さらに、リハーサルを録画して視聴してみると、自分では分からないクセに気付いたり、自分の表情やジェスチャーを確認することもできます。頭で考えていることと行動することとは違います。授業本番前に問題点を発見し教案を修正するためにも、リハーサルをしっかり行いましょう。

その6 教案と実際の授業のズレに対処しよう

　経験が浅い教師の場合、せっかく時間をかけて教案を作成しても、教案と実際の授業がズレることが少なくありません。教案作成の際には、そのことも頭に入れておきましょう。このズレへの対処法としては、次のようなものが考えられます[2]。

・既習項目に関するもので思わぬ質問が出た場合、答えた方が全員に有益で時間をとらずに答えられると思われるものは、その時に答える。質問をした学習者にしか有益でないと思われる質問は、授業後にその学習者に説明したり、教科書のどこに関連する説明が出ているか知らせる。
・答えられない質問が出た場合、無理に時間をとって答えようとせず、「いい質問ですねえ。これは私の宿題です」と言ってその学習者を褒め、授業後に参考書を調べたり先輩教師に尋ねたりするなどして、なるべく早い時期に答えるようにする。
・授業を進めていて、思ったより学習者が簡単にできる練習は短めにしたり、逆に思ったより難しい練習の場合は練習の数を減らしたり、次の練習に飛んだりして、学習者の理解度に合わせて、臨機応変に教案を修正しながら、授業を進める。
・流暢さのための練習をしているときに、あまりにも形の間違いが多いときは、フラッシュカードでサッと確認するなど、正確さを求める練習に30秒ほど戻り、自信をつけさせてから、流暢さのための練習を続ける。

時間調整の方法を考えておこう

　実際に授業をしてみると、途中で時間が足りなくなったり、時間が余ったりすることがあります。そんな事態を上手にアドリブで切り抜けるのは、思ったよりもずっと難しいものです。そこで、教案の最後の方に、①時間が足りなくなってきたときに省略できる教室活動、②時間が余ったときに行う教室活動、を書いておくといいでしょう。また、宿題を課したり回収したりする場合は、それも「教室外活動」として書いておきましょう。

 教案作りの際に考慮すべき項目

　教案作りに当たっては、本当にたくさんのことに配慮しなければなりません。以下に、それを列挙してみます[3]。

「学習内容について」
　<u>授業全体を通して</u>
　　・授業が終了した時点で、学習者に達成させたいことは何か（全体の学習目標）
　　・学習する日本語のレベルはどのくらいのものか
　　・授業の始めと終わりをどうするのか
　<u>各教室活動</u>
　　・教室活動それぞれの目的は何で、それが全体目標の達成につながっているか
　　・各教室活動で、学習者に学ばせようとするスキルは何か
　　・各教室活動が、教室活動全体の流れ（Teaching Phases）のどこに位置しているのか（知識獲得／正確さ／なめらかさのための活動かなど）
　　・各教室活動がうまくつながっているか
　　・教室活動にバラエティがあるか
　　・各教室活動での、学習形態はどうか（ペアワーク、小グループ、個人学習など）、学習者をどのように座らせるのか
「学習環境について」
　<u>時間面</u>
　　・何分の授業なのか
　　・どのくらいの期間続けて行われるコースの中の1授業なのか
　　・どのくらいの頻度で授業が行われているのか

<u>教室の設備について</u>

- ・部屋は学習者数に対して広いか狭いか、また縦長か横長か
- ・黒板／ホワイトボードはあるか、マグネットが使用可能か、板上にマグネットバーやマグネットはあるか
- ・チョーク／マーカーペンの数と色の種類はどうか
- ・机／椅子は固定式か動かせるか
- ・教室内の照明はどうか
- ・教室の中に教材として使える設備があるか（テープレコーダー、DVDプレイヤー、テレビ、プロジェクターなど）
- ・教壇があって、教師の位置が学習者より高くならないか
- ・教室の外から騒音は入ってこないか
- ・教室の室温は学習に適しているか
- ・教師用の机／テーブルはあるか、またその大きさはどの程度か

「学習者について」

- ・何人いるか（男女比）
- ・日本語のレベルはどのくらいか（スキル別）
- ・どのくらいの期間、どういう機関で、どのような形で日本語を勉強してきたのか
- ・どこの出身で、どのような文化・社会・習慣の中で生活してきたのか
- ・年齢
- ・日本語以外の教育は、今までどのようなものを受けてきたのか
- ・日本語以外の外国語の学習経験はあるのか、ある場合はどこまで習得しているか
- ・どのような動機で日本語を勉強していて、その動機は今も続いているか
- ・興味
- ・性格（外交的／内向的、個別学習を好む／共同学習を好む、など）
- ・教室外でどのようなことをしているか（仕事、他の授業、など）

「制約について」

- ・使えない補助教材はないか（教師側に使うスキルがない、補助教材自体がない、または補助教材の数が足りないなどの理由で）
- ・教え方についての教育機関からの制約はないか（例：決まったマニュアルに従って教えなければならない、授業中にスマホでことばの意味を調べてはいけない、学習者の母語使用は禁止、など）
- ・試験が間近に迫っていて、そのための授業をする必要はないのか（その試験は内部のものか外部のものか）

これだけたくさんのことに配慮しながら教案を書くことは非常に困難に思えますが、優れた授業では多くの場合、これらのことにきめ細やかな配慮がなされています。いい授業の実現を目指して、できるだけ多くのことへの配慮を試みてみましょう。上記の項目はまた、教案を作成した後で、その質を吟味するための「チェック項目」としても使用可能です。実際に授業を行う前に、チェックしてみましょう。

その9　教案は、授業ごとに書くように努めよう

日本語教師を続けていると、以前作った教案と全く同じ内容を教えることが出てきます。そんなとき、「あ、ここは以前教えたことがあるから、この前作った教案をそのまま使いたいなあ」という気持ちになります。しかし、教える学習者は、以前教えた学習者とは違うはずです。そして、「Q7. 教案は、授業後はどうするのですか？」で取り上げたように、以前の授業で、授業後に振り返った内容や指示や宿題などを赤字で書き込んだものがあるはずです。これから教える学習者のことを頭の中に描きながら、書き込んだ内容を確認し、以前使った教案をアレンジしてみましょう。

このように、同じ教師が同じ内容を教えるときでも、以前作成して使用した教案をそのまま使うのではなく、教える授業に向けての書き直し作業を行う必要があります。自分自身の教案でさえそうなのですから、他の先生が書いた教案どおりに授業を行うことも避けなければなりません。その先生が書いた教案は、ある特定の学習環境（教師、学習者、教室、教材など）のもとで書かれたものであり、それ以外の学習環境でそのまま使用しても、同じような教育効果を生み出すことは極めてまれです。読者の皆さんの中には、本書で紹介されている教案をそのまま使って授業をやってみよう、と考える方もいらっしゃるかもしれませんが、「他の人の教案をそのまま使用する」ことには、大きなリスクが伴います。「あ、これはいいなあ」と思っても、そのまま使いたくなる気持ちをぐっとこらえて、自分なりのアレンジを必ず加えるようにしてください。

1　中嶋(2013：5)より。
2　坂本・大塚(2011:61)より。
3　川口・横溝(2005：66-67)より。

教案作成のプロセス

　これまでのQ&Aで教案作成の基本的な疑問について解説してきました。ここでは、それらを踏まえた上での具体的な「教案作成のプロセス」を紹介します。皆さんが授業を担当するときは、ほとんどの場合、使用する教科書や教える内容が、教育機関などによって、すでに決められています。そのような環境で、「どのようにして教案を作成していくのか」を、ステップ別にみていきましょう。

ステップ 1 　担当する授業の位置づけの確認

　その授業は、第何課の何回目の授業なのか、その授業の前後に、どのような授業が行われる予定なのかを確認しましょう。例えば、こんな感じです。

　（この授業の学習内容）
　　　初級後半の授業
　　　・「〜てしまいました」「〜てしまったんです」の導入と練習
　（これまでの学習内容）
　　　・テ形／・タ形／・〜んです
　（次の授業）
　　　・今日授業で学習した文型の復習

ステップ 2 　授業目標の設定

　その授業で「何をどこまで教えるのか」を決めましょう。また、それを実現するために使える時間、つまり授業時間も確認しておきましょう。

　　・「〜てしまいました」を適切な場面の中で使えるようになる（35分）

ステップ 3 　授業の最後の活動の決定

　「授業目標を授業中に達成できたかどうかを評価するための教室活動」を何にするのか決めましょう。また、それにどのくらい時間がかかるのかも考えます。

　　・「〜てしまったんです」を使ったロールプレイを、ペアでクラスメートの前で行う（10分）

ステップ 4　**授業の他の活動の決定**

「授業の最後の活動に結び付けるために行う教室活動は、何にするのか」を決め、「各活動にどのくらいの時間をかけるのか」を考えます。その際、「バックワード（Ｑ8 その1、P.19参照）」で考えていきます。

・ロールプレイをペアでクラスメートの前で行う（8分）
・「〜てしまったんです」を使ったロールプレイの、ペア練習（7分）
・「〜てしまったんです」を使ったモデル・ロールプレイの暗記（3分）
・「〜てしまったんです」を使ったモデル・ロールプレイの提示（2分）
・「〜てしまったんです」の導入と説明（2分）
・絵カードを見て、状況に合った「〜てしまいました」の文を作る練習（5分）
・文字カードを使い、「〜ます」を「〜てしまいました」に変える練習（5分）
・文脈の中での「〜てしまいました」の導入と文型説明（3分）

ステップ 5　**授業全体の流れの確認**

「各教室活動が、有機的につながっているかどうか」、つまり「各活動の順番が適切かどうか」を確認しましょう。全部の活動を授業の流れ順に並べなおしてみると、以下のようになります。

「〜てしまいました」
　　導入と文型説明→文字カードを使った機械的ドリル練習→絵カードを使った練習

「〜てしまったんです」
　　「〜てしまったんです」の導入と説明→モデル・ロールプレイの提示→モデル・ロールプレイの暗記→ロールプレイのペア練習→ロールプレイをペアでクラスメートの前で行う

少しずつ段階を踏んでいるので、このままの順番で大丈夫そうです。これがもし、

「〜てしまいました」
　　導入と文型説明→絵カードを使った練習

のように、「文字カードを使った機械的ドリル練習」を飛ばしてしまうと、正しい形ができるようになる前に、「さあ、『〜てしまいました』を使って文を作ってみましょう」と

いうことになり、学習者は難しく感じるかもしれません。また、

　「～てしまったんです」
　　　ロールプレイのペア練習→ロールプレイをペアでクラスメートの前で行う

のように、「『～てしまったんです』の導入と説明」「モデル・ロールプレイの提示」「モデル・ロールプレイの暗記」を飛ばしてしまうと、どんなロールプレイを作ったらいいのか学習者は戸惑いそうです。

ステップ6　教科書・教材の分析

　「文法説明は、教科書通りでいいのか」「機械的ドリルの量や質は適切か」「会話練習の量や質は適切か」などを吟味しましょう。

ステップ7　既習の語彙、文型、文法の確認

　「学習者がこれまで学んできた／身につけてきたことは何なのか」を確認します。教科書の目次や索引を見れば、語彙・文型・文法が第何課で初登場したのかが分かります。

ステップ8　各活動の詳細の決定

　「各活動で何を行うのか」「ステップ3とステップ4で考えた時間配分は適切か」「その活動の中で、学習者・教師は何をするのか」「留意すべき点は何なのか」などの、細かい点にまで注意を払って決めましょう。このステップ8で、教案を最初から最後まで、書き上げてみましょう。「脚本書き」も忘れずに。

時間	項目	学習者の活動	教師の活動・板書	教材	留意点
3分	「～てしまいました」の導入	教師の演技を見る	演技 1.携帯が使えない→「電話が壊れてしまいました」 2.筆箱の中を探す→「消しゴムを忘れてしまいました」 3.ペンを床に落とす→「ペンを落としてしまいました」		残念がっている、悲しんでいることを理解してもらえるような演技をする
		完了の時だけではなく、残念な時などにも使用することを理解する	2つの絵カードを並べて貼り、使い分け方を演技を通して理解させる 笑顔で満足そうに「食べてしまいました」 人のものを食べてしまい、申し訳なさそう(残念そうに)「食べてしまいました」	完了の「食べてしまいました」の絵カードと、遺憾の「食べてしまいました」の絵カード	完了形の「～てしまいました」とは使い方が違うことを理解してもらう

| | | | 完了の方の絵カードを外し、新しく2枚を貼り付ける | 遺憾の表情の絵カード | |
| | | | 「残念です。悲しいです。～てしまいました。」 | 「～てしまいました」の文字カード | |

5分	「～てしまいました」の形に直す練習	「休んでしまいました」 「忘れてしまいました」 「壊してしまいました」 「なくしてしまいました」 「遅れてしまいました」 「落としてしまいました」 「こぼしてしまいました」 「倒してしまいました」 「破ってしまいました」 「割ってしまいました」 「怪我をしてしまいました」 「負けてしまいました」 「寝坊してしまいました」	「休みます」 「忘れます」 「壊します」 「なくします」 「遅れます」 「落とします」 「こぼします」 「倒します」 「破ります」 「割ります」 「怪我をします」 「負けます」 「寝坊します」	文字カード	言い換えるだけの作業で退屈してしまう可能性があるのでテンポよく行うように心がける 回答をリピートし、全体で1度復唱させる
5分	展開練習	絵カードを見て、状況に合った「～てしまいました」の文を作る 「ジュースをこぼしてしまいました」 「コップを割ってしまいました」 「電車に遅れてしまいました」 「学校を休んでしまいました」 「財布をなくしてしまいました」 「試合に負けてしまいました」 など	絵カードの状況が理解できていない場合は補足をするいくつも文が出るように促す（手のジェスチャーで） 絵：飲み物をこぼしている 絵：人と割れたコップ 絵：ドアが閉まった電車と急いでいる人 絵：学校とベッドで寝込んでいる人 絵：財布がなくて困っている人 絵：スコアボードと泣いている人 など	絵カード（多めに）	学習者の発言に対してコメントをする
2分	「～てしまったんです」の導入と説明	教師の説明を聞く	「～てしまったんです」は会話を続けたい時に用いることを説明 「～んです」→「もっと話したいです」→「もっと聞いてもらいたいです」→「話、続けます」 （理解できていなかったら「～てしまいました」→「話、終わります」）	文字カード「～てしまったんです」	
2分	「～てしまったんです」のモデル・ロールプレイの提示	教師の演技を見る	一人二役で演じる＜財布を落として、警察に行く＞ A：「すみません、財布を落としてしまったんですが…」 B：「どんな財布ですか」 A：「赤い大きな財布です」 B：「これですか」 A：「あっ、そうです。ありがとうございます」	交番の絵カード 赤い大きな財布	付せんを使用し、どちらの役をしているのかはっきりさせる
3分	モデル・ロールプレイの暗記	会話を音読する 会話を覚える	模造紙を見せて、音読させる 少しずつ隠しながら、会話全体を覚えさせる	一人二役の会話を大きく書いた模造紙	

| 7分 | ペア練習 | ペアで絵カードを1枚選び、A役とB役を決め、自分たちで会話を作り、覚えて演技する
例
1.「鞄を忘れてしまったんですが…」
2.「お皿を割ってしまったんですが…」
3.「怪我をしてしまったんですが…」
4.「ペンを壊してしまったんですが…」 | 学習者をペアに分ける。
絵カードを指さしながら、「これ、1つ使ってください。会話をペアで作ってください」と言う
1.場面：駅
　　人：乗客／駅員
2.場面：ファミリーレストラン
　　人：客／店員
3.場面：病院
　　人：患者／医者
4.場面：雑貨屋
　　人：客／店員 | 絵カード

「A」「B」と書いた付せん | 机間巡視し、おかしい点があったら訂正する |
| 8分 | 発表 | ペアごとに前に出て発表する | 発表するペアを順に指名する

発表の内容について、非発表者に質問する | | 非発表者も発表に集中できるように、配慮する |

ステップ9　見直し

　「各活動に未習の語彙・文型・文法が紛れ込んでいないか」「指示は明確か／不明瞭なところはないか」「授業が制限時間内に終わりそうか」「授業が静と動のバランスが取れたメリハリのあるものになっているか（学習者が考えたり発話したりする分量のバランスが取れているか）」など、しっかりと見直してみましょう。

①同じ「食べる」という動詞で、2つの違いを伝えようと考えていたけど、遺憾の「〜てしまいました」は通常、ネガティブな動詞（忘れる、遅刻するなど）と使われることが多いことが分かった。無理に2つ同じ動詞にするのはやめよう。その代わりに、「資料を読む動作をした後に『読んでしまいました』」と「袋の中を探し、あわてた表情で『忘れてしまいました』」と言うことにしよう。

②「悲しい」は未習なので、使わないことにしよう。

③文字カードで行うドリル活動の動詞が既習か未習か確認したところ、「壊します」「こぼします」「倒します」「破ります」「割ります」「怪我をします」「負けます」「寝坊します」が未習であることが分かった。これらの動詞を使うのはやめて、代わりに「壊れます」「破れます」「割れます」「汚れます」「消えます」を使おう。

④絵カードで行う練習で使わせようとしている動詞が既習か未習か確認したところ、「こぼします」「負けます」が未習だと分かった。これらをやめて、「絵カード：名前が思い出せない人→名前を忘れてしまいました」「絵カード：着ているシャツが破れている人→シャツが破れてしまいました」にしよう。

⑤「〜てしまったんです」をいつ使うのかを言葉で説明しようと考えていたが、「〜んです」は既習なので、学生は「〜てしまった＋んです」と無理なく進んでいけると思う。だから、こ

31

こでの言葉による説明はやめよう。

⑥場面練習で使わせようとしている動詞が既習か未習か確認したところ、「割ります」「怪我を
します」「壊します」が未習だと分かった。これらをやめて、「場面：ファミリーレストラン・
人：客／店員→フォークを落としてしまったんですが」「場面：空港・人：審査官／なくし
て困っている人→パスポートをなくしてしまったんですが」「場面：スマホ取扱店・人：客
／店員→スマホが割れてしまったんですが」にしよう。

⑦場面練習で、「〜てしまったんですが」を使ってほしいという指示を出さないといけないと思
う。でないと、例えば（空港で）パスポートがないんですが」で始まる会話が出てきそうだから。

⑧場面練習ではきっと、学習者はいろいろなことを言おうとするだろう。未習語が出てきたら、
それをクラス全体で共有するようにしよう。

ステップ10 時間不足／余剰などへの対処

「時間が足りなくなってきたときに省略できる教室活動」「時間が余ったときに使用する
教室活動」を考えて、教案に書き足しましょう。また、「教室外活動（宿題を課したり回収
したりする場合）」も忘れずに書いておきましょう。

⑨時間が足りなくなったら、最後の発表で発表してもらうペアの数を制限する。

⑩時間が余りそうになったら、最後の発表後に「さっきとは違う場面と役割で、やってみるよ
うに指示を出す」ことにしよう。

ステップ9とステップ10を踏まえて、教案はこのように変わりました（教案中の①〜⑩
は、改善した部分で、ステップ9とステップ10の①〜⑩に対応しています）。

時間	項目	学習者の活動	教師の活動	教材	留意点
3分	〜てしまい ました」の 導入	教師の演技を見る	演技 1.携帯が使えない→「電話が壊れてしまいました」 2.筆箱の中を探す→「消しゴムを忘れてしまいました」 3.ペンを床に落とす→「ペンを落としてしまいました」		残念がっている、悲しんでいることを理解してもらえるような演技をする
		完了の時だけではなく、残念な時などにも使用することを理解する	2つの絵カードを並べて貼り、使い分け方を演技を通して理解させる ① 資料を読む動作をした後に「読んでしまいました」 袋の中を探し、あわてた表情で「忘れてしまいました」	①~~完了の「食べてしまいました」の絵カードと、遺憾の「食べてしまいました」の絵カード~~	完了形の「〜てしまいました」とは使い方が違うことを理解してもらう

32

			完了の方の絵カードを外し、新しく2枚を貼り付ける 「残念です。②悲しいです。～てしまいました。」	遺憾の表情の絵カード 「～てしまいました」の文字カード	
5分	「～てしまいました」の形に直す練習	「休んでしまいました」 「忘れてしまいました」 「壊れてしまいました」 「なくしてしまいました」 「遅れてしまいました」 「落としてしまいました」 「破れてしまいました」 「割れてしまいました」 「汚れてしまいました」 「消えてしまいました」	③ 「休みます」 「忘れます」 「壊れます」 「なくします」 「遅れます」 「落とします」 「破れます」 「割れます」 「汚れます」 「消えます」	文字カード	言い換えるだけの作業で退屈してしまう可能性があるのでテンポよく行うように心がける 回答をリピートし、全体で1度復唱させる
5分	展開練習	絵カードを見て、状況に合った「～てしまいました」の文を作る 「名前を忘れてしまいました」 「コップが割れてしまいました」 「電車に遅れてしまいました」 「学校を休んでしまいました」 「財布をなくしてしまいました」 「シャツが破れてしまいました」 など	絵カードの状況が理解できていない場合は補足をする いくつも文が出るように促す （手のジェスチャーで） ④ 絵：名前が思い出せない人 絵：人と割れたコップ 絵：ドアが閉まった電車と急いでいる人 絵：学校とベッドで寝込んでいる人 絵：財布がなくて困っている人 絵：着ているシャツが破れている人 など	絵カード（多めに）	学習者の発言に対してコメントをする
2分	「～てしまったんです」の導入と説明	教師の説明を聞く 「～んです」を思い出す 「～てしまったんです」の構造を理解する	⑤ （「～んです」カードを貼って）「頭が痛いんです、病院に行きたいんです」と言う （「～んです」カードを指して）「～んです、覚えていますか」と言う （「～てしまったんです」カードを貼って）「～てしまいました、～んです、一緒に使います。～てしまったんです」と言う	文字カード 「～んです」 文字カード 「～てしまったんです」	頭が痛くて、どうしても病院に行きたいという演技をする 理解できたかどうか、学習者を注視する
2分	「～てしまったんです」のモデル・ロールプレイの提示	教師の演技を見る	一人二役で演じる＜財布を落として、警察に行く＞ A：「すみません、財布を落としてしまったんですが…」 B：「どんな財布ですか」 A：「赤い大きな財布です」 B：「これですか」 A：「そうです。ありがとうございます」	交番の絵カード 赤い大きな財布	付せんを使用し、どちらの役をしているのかはっきりさせる

時間	項目	学習者の活動	教師の活動	教材	留意点
3分	モデル・ロールプレイの暗記	会話を音読する 会話を覚える	模造紙を見せて、音読させる 少しずつ隠しながら、会話全体を覚えさせる	一人二役の会話を大きく書いた模造紙	
7分	ペア練習	ペアで絵カードを1枚選び、A役とB役を決め、自分たちで会話を作り、覚えて演技する 例 1.「鞄を忘れてしまったんですが…」 2.「フォークを落としてしまったんですが…」 3.「パスポートをなくしてしまったんですが…」 4.「スマホが割れてしまったんですが…」	学習者をペアに分ける。 絵カードを指さしながら、「これ、1つ使ってください。会話をペアで作ってください」と言う ⑥ 1. 場面：駅 　　人：乗客／駅員 2. 場面：ファミリーレストラン 　　人：客／店員 3. 場面：空港 　　人：審査官／なくして困っている人 4. 場面：スマホ取扱店 　　人：客／店員 ⑦ (「～てしまったんですが…。」カードを貼って)「～てしまったんですが……、使ってください。」と言う	絵カード 「A」「B」と書いた付せん 文字カード 「～てしまったんですが…。」	机間巡視し、おかしい点があったら訂正する
8分	発表	ペアごとに前に出て発表する	発表するペアを順に指名する 発表の内容について、非発表者に質問する ⑨ 時間が足りなくなったら、ペアの数を制限する ⑩ 時間が余りそうになったら、最後の発表後に、「さっきとは違う場面と役割でやってみましょう」と指示を出す		非発表者も発表に集中できるように、配慮する ⑧ 発表の中で未習語が出てきたら、クラス全体で共有する

ステップ11　授業で使用する教材の準備

　授業で使用する文字カード・絵カード・音声 (CDやmp3など)・DVDなどの視聴覚教材や、配布するプリントなどを準備します。使用する順に並べておくことを忘れないように。

ステップ12　リハーサル (予行演習)

　授業の最初から最後まで、リハーサルしてみましょう。「説明が長すぎる」「指示が不明確」「文字カード／絵カードの取り扱いに戸惑ってしまう」「単語のアクセントの位置が違

う」「教師の発話量が多すぎないか」などの問題点がないか、リハーサルを通してチェックしましょう。

ステップ13 リハーサルを踏まえての修正

リハーサルを通して発見した問題点を修正し、教案にも反映させます。修正したあと、できれば授業の最初から最後まで、もう一度リハーサルしてみましょう。時間的な余裕がない場合は、修正した部分だけもう一度、リハーサルしてみます。問題点がないことを確認して、いよいよ授業本番を迎えます。

ステップ14 授業本番

1コマの流れをある程度頭に入れておき、あまり頻繁に教案に目をやらないように心掛けましょう。

ステップ15 授業後の反省

授業後のできるだけ早い時間に、「時間配分は適切だったか」「学習者にとって分かりにくい／難しそうな活動はどれだったか」「学習者全員に適切な学びの機会を提供していたか」「予想外のことは起きなかったか」などの観点で、教案を見ながら授業を振り返りましょう。授業での問題点や課題が明らかになったら、それを確実に記録として残し、次の授業に向けての改善点として活用しましょう。

第II章

教案例

1 総合教科書の教案例(45分)

作成者：ゆきのり

使用教材とクラスのレベル ……『みんなの日本語 初級Ⅰ 第2版 本冊』7課（初級前半）

目　標 ……………………日本語で何と言うか分からない言葉を尋ねる。

学習項目 …………………「〜は〜語で何ですか」

学習者国籍 ………………中国7人、ベトナム5人、韓国4人（計16人）

T：教師　　S：学習者

時間	項目	学習者の活動	教師の活動・板書	教材	留意点
7分	「日本語で〇〇です」の導入	日本語で何と言うか、考える	감사합니다 語彙カードを提示しながら T：「これは韓国語です」 T：「（韓国のSに向けて）日本語……？」 S：「ありがとう」 語彙カードを指しながら T：「日本語で "ありがとう" です」 ＜板書＞ （語彙カードを貼る） 감사합니다 は 日本語で ありがとう です 同様に、 ベトナム語 máy ảnh、中国語 书桌 の語彙カードを示しながら尋ねる ＜板書＞ （語彙カードを貼る・付け足して） 감사합니다 は 日本語で ありがとう です máy ảnh　　　　カメラ 书桌　　　　　　つくえ	감사합니다 韓国語の語彙カード máy ảnh ベトナム語の語彙カード 书桌 中国語の語彙カード	語彙カードは事前準備 韓国語の発音を確認しておく ゆっくりと発音する
		板書を見ながらT→Sリピート			
5分	「〇〇語で何ですか」の導入		さようなら 語彙カードを提示しながら T：「（ベトナムのSに向けて）ベトナム語で…？」 S：「△△△」 （もう一度言うよう促す） T：「さようならは ベトナム語で 何ですか」 S：「△△△です」 同様に T「中国語で何ですか」「韓国語で何ですか」 ＜板書＞ （語彙カードを貼る・付け足して） 감사합니다 は 日本語で ありがとう です máy ảnh　　　　カメラ 书桌　　　　　　つくえ 　　　　　　なん ですか	さようなら 語彙カード なん 語彙カード	ゆっくりと発音する

分					
		母語で何と言うか、S同士尋ね合う	こんにちは ありがとう カードを見せて、S同士「〇〇語で何ですか」と尋ねさせる	こんにちは ありがとう 語彙カード	違う国のSを組ませる 時間を見て2〜4ペア
6分	「日本語で何ですか」練習	日本語で何と言うか尋ねる	「扇子」(実物)を見せながら T:「これは日本語で……?」「分かりますか」 S:「分かりません」 　「それは日本語で何ですか」 T:「せんす です」		「日本語で何ですか」が出ないようなら、Tが言ってリピートさせる
25分	教科書 練習C-1	例文を読む T→Sリピート 1)2)　S発表	ペア(隣の人)を作る ペアごとに1)2)練習→発表		
	展開	実践練習	いろいろな物(実物)を見せる、 日本語で何と言うかを尋ねてくる	「割りばし」 「電卓」 「折り畳み傘」 「ポケットティッシュ」	
		ペアごとに好きな物を選び、実物を持って聞きに行き、メモしてくる	★会話例を口頭練習　＜板書＞ S:「すみません」 　:「これは日本語で何ですか」 T:「〇〇です」 S:「そうですか、ありがとうございます」 　※「もう一度お願いします」 　※「ゆっくりお願いします」も練習 ★指示 ・ペアを作る ・教室の外(事務室、講師室)へ行って実物を見せながら質問し、答えを聞いてくる	「しゃもじ」 「うちわ」 「きゅうり」 「にんにく」 など、身近な道具・食べ物を実物で用意	※聞き取れない場合を考え、口頭練習 職員と事前に打ち合わせておく 2ペア(4人)ずつ時間差で聞きに行かせる 前の組が戻ったら次の組を行かせる
	練習B-2	練習B-2をノートに書く	教室で待機中のSに練習B-2をノートに書かせ、個別にチェック ★発表　全員がそろったら、ペアごとに S1「これは日本語で〇〇です」発表 S2 〇〇を板書 　※間違えたペアはもう一度聞きに行く		「はし」ではなく「割りばし」、正確に聞いてくるよう指示
2分	まとめ (学習項目の確認)	練習B-2 T→Sリピート			

この授業で工夫した点・学習者の反応など

　初級前半なので、できるだけ学習者に背中を向けないよう板書時間の短縮を考えました。事前に語彙カードを準備し、裏にマグネットを付けてすぐに貼れるようにしています。韓国語、中国語、ベトナム語は辞書で調べたり、他のクラスの学習者に教えてもらったりしました。

　この項目を勉強すると、お互いの国の言葉を教え合うことができるので、今まで同じ国同士でしか話さなかった学習者たちが違う国の学習者と積極的にコミュニケーションを取るようになり、一気にクラスの雰囲気が良くなります。休憩時間に「△△は○○語で何ですか」という会話があちらこちらで聞こえました。帰るときには日本語ではなくいろいろな国の言葉で「さようなら」とあいさつしていました。

　まだ語彙の少ないこのレベルでは、分からない言葉を尋ねる言い方は非常に役に立ちます。少しでも実際に近づくよう、クラス内の慣れた相手ではなく、教室の外でなじみのない相手に聞く練習を入れました。「すみません」と声掛けするのも緊張したようで、「もう一度お願いします」を連発していた学習者が多かったのですが、それも良い刺激になったのではないかと思います。

　後日、アルバイト先で店長やお客さんに日本語を教えてもらったとうれしそうに話してくれた学習者がいました。恥ずかしくて話しかけられなかったけれど、授業での練習がきっかけで挑戦できたそうです。「これは日本語で何ですか」と街中で見かけた物を写真に撮って尋ねてきたり、授業内でも「これは日本語で……？」とジェスチャーを交え言葉を確認してきたりする学習者もいました。どんどん語彙が広がり、どちらかと言えば受け身だった学習者が積極的に授業に関わってくるようになったと感じる文型でした。

教案を読んで

坂：語彙カードを提示しながらの「日本語で○○です」の導入部分が、とてもスムーズな流れですね。

横：はい。「〜は日本語でありがとうです」を正しく言うために、授業前に「〜」の発音を事前確認しているのも、用意周到ですよね。

坂：しかも、板書時間の短縮のために、マグネット付きの語彙カードを使用しているので、学習者とのアイコンタクトを切らずに、導入できています。見習いたい技術です。

横：その語彙カードですが、学習者の国籍にきちんと配慮して、各言語でカードを作っているのもいいですね。ここで安易に英語を使わない、という配慮によって、学習者の集中力が高まったでしょう。

坂：「○○語で何ですか」と聞き合う活動で、違う国の学習者同士を組ませています。それにより、それぞれの母語で何と言うか聞き合う必然性が出ています。文脈を与えて、単調なドリル練習が意味のある練習へ、機械的な練習が有意味な練習へ、スムーズに移っていますね。

横：はい。教室の外へ出て行って、職員さんに質問する、という活動が、この日のメーン活動です。「本当に分からないことについて、先生以外の人に聞くこと」そして「その結果を後で、他の人に伝えること」、これらは本当の日常生活で行う、オーセンティックな活動です。素晴らしいですね！ 職員さんとも親しくなるでしょうし。

坂：各活動それぞれにしっかりとした意味があり、しかもそれが、有機的につながってます。そのことはきっと、学習者に「この項目を学ぶことの意義」として伝わっているんでしょうね。

横：ええ、だからこそ、学習者が「学んだことを教室外で使ってみよう」としているんでしょうね。そういう気持ちに学習者がなる授業を、私も毎回目指したいです。

2 総合教科書の教案例(90分)

作成者：ぽん太

使用教材とクラスのレベル……『みんなの日本語 初級Ⅱ 第2版 本冊』39課(初級後半)

目　標………………………事情を説明して、学校のスタッフや教師に自分の状況を伝えることができる。

学習項目………………………「(名詞)で、～」、「(普通形)ので、～」

学習者国籍……………………中国・ベトナム各8人、台湾・韓国・タイ・イギリス各1人(計20人)

PC：ピクチャーカード　FC：フラッシュカード　T：教師　S：学習者

時間	項目	学習者の活動	教師の活動・板書	教材	留意点
9:00	導入「(名詞)で、～」	電車が遅延や運休したときの経験を話す。遅延や運休の原因・理由を考える。S：(人身)事故、地震、大雨、台風、強風…	話題：鉄道の遅延、運休 T「学校に来る時、電車が遅れたことがありますか」	PC：山手線運休	Sに身近な出来事である「遅延」「運休」の話から展開させる
10分	場面「(名詞)で、～」	通学途中、電車が踏切事故で止まっている。学校に遅れることを電話で伝える会話を考える	場面：学校に遅刻の連絡をする 会話例(学校スタッフA、学習者B) A：はい。ABC日本語学校です。 B：2組の○○です。今日、30分ぐらい遅刻します。 A：はい、どうしたんですか。 B：事故で、電車が止まっているんです。 A：ああ、そうですか。じゃあ、気をつけて。	PC：電車の踏切事故	「(動詞)て、～」、「(い形容詞)くて、～」、「(な形容詞)で、～」は導入済み
	整理「(名詞)で、～」	前件は原因を表し、災害などよくないことであり、後件は結果を表すことを理解する	板書「**事故がありました。それで、電車が止まっています。**」	FC「(名詞)で、～」	
9:10	練習	モデル会話をもとに、口ならしをする	「(大雨、強風、地震…)で、電車が止まっているんです」		
20分	例文提示「(名詞)で、～」	地震や津波など、被害の説明で用いられることを例文で理解する	地震で、建物が倒されました。津波で、うちが流されました。…	PC：東日本大震災	地震の話題からSの関心を引き出す
	練習	絵を見て「～で、～」の文を作成 ペアで考える→S1発表→T確認→コーラス	T「絵を見て文を作ってください」テキストB-4 →絵を組み合わせて文作成	みん日Ⅱ, p.115 みん日Ⅱ導入・練習イラスト集59番, p.60	

9:30	導入 「Vので、〜」	熱があり、体調が悪いときの経験を話す	話題：日本で体調不良になった経験 T「皆さんは、こんな経験がありますか」	PC：発熱で体調の悪そうな人	体調不良で学校に欠席連絡することをイメージさせる
	場面 「Vので、〜」	発熱で体調不良のため、学校を欠席したい。 学校に欠席の連絡をする会話を考える T：代表でS1人を指名し実演 S：指名されたS実演 **「熱があるから、学校を休みます」** →**「熱があるので、学校を休みます」**	場面：学校に欠席の連絡をする 会話例（学校スタッフA、学習者B） A：はい。ABC日本語学校です。 B：あの、２組の〇〇ですが…。 A：はい、どうしましたか。 B：ちょっと熱があるので、学校を休みます。 A：分かりました。じゃあ、お大事に。	FC 「〜ので、〜」	欠席連絡するときの電話のかけ方にも留意する
15分	整理 「Vので、〜」	「から」と「ので」の２つの文を聞いて違いを考える	T「「から」と「ので」の２つの文を言います。どちらが丁寧な感じがしますか」 →「ので」の方が丁寧 →「ので」は相手にお願いするとき、言い訳するとき、断るときによく使う		「から」「ので」の２つの文をTが発話し、Sに印象の違いを聞く
		「ので」がよく用いられる場面を例文で理解する	・お願い**「両親が来るので、学校を休んでもいいですか。」** ・言い訳**「スマホをうちに忘れたので、連絡できなかったんです。すみません。」** ・断り**「用事があるので、ちょっと…」**		場面を補足しながら例文を示す
9:45	練習 「Vので、〜」	２文結合し、「〜てもいいですか」、「〜ていただけませんか」を選択 S1発話→T確認→コーラス	「〜ので、〜てもいいですか／ていただけませんか」 ・病院へ行きます／早く帰ります ・意味がわかりません／説明してください ・試験があります／アルバイトを休みます 　…　他		Sの状況を見て、「〜てもいいですか」「〜ていただけませんか」の用法を確認
25分	展開 「Aいので、〜」 「Na・Nなので、〜」	形容詞文、名詞文に「ので」が接続する場合の例文を理解する	い形容詞**「頭が痛いので、学校を休みます」** な形容詞**「ひまなので、買い物に行きます」** 名詞**「休みなので、うちでゆっくりします」**	FC「〜いので、〜」 FC「〜なので、〜」	

	練習	ドリルを進めながら、過去・非過去、肯定・否定の場合の接続の形にも注意する	テキストB-6をアレンジ **「〜ので、〜」** ・暑くなかったです／よく寝られました ・今日は雨です／うちにいます ・先週は暇でした／たくさん本が読めました　　　　　　…他	みん日Ⅱ, p.116	形容詞・名詞接続の形を整理する →「雨なので、」「雨じゃないので、」「雨だったので、」「雨じゃなかったので、」
	練習	ペアで応答する→発表	テキストB-8 **「Nで、〜ので、〜」**	みん日Ⅱ, p.116	
	練習	言い訳する場面の会話を考える ペアで会話する→発表	A：どうして、<u>授業に遅れた</u>んですか。 B：銀行で待たされたので、遅れてしまったんです。すみません。 Aは下線部を替えて質問し、Bは言い訳する →①昨日、アルバイトを休んだ／②宿題を忘れた／③自由		
10:10 20分	会話タスク	お願いする場面での会話を考える これまで教師や学校スタッフにどのようなお願いをしたことがあるか、また、どのようなお願いをしたいかを話す SはTにお願いしたい内容を伝える Sは3つのグループに分かれ、ゲストにお願いしたいことを伝える 各グループ内でどんなお願いがあったか、ゲストがどんな反応だったかを報告する	T 「**先生や学校のスタッフに何かお願いしたいことがありますか**」 会話例 （S 学習者、T 教師） S：先生、ちょっと、いいでしょうか。 T：はい、なんですか。 S：N3の勉強をしたいので、いい本を紹介していただけませんか。 T：ええ、いいですよ。 2人のゲスト（スタッフ、教師）が参加し、学習者の会話の相手となる T 「**どんなお願いをしましたか**」 クラス全体で確認し、本時の学習をまとめる	会話タスクシート FC「〜ので、〜ていただけませんか」 他の教師に協力してもらう	お願いしたいことをイメージできるよう会話例を提示 自由に会話を展開させる お願いした内容とその結果をクラス全体で共有する

V：動詞　A：い形容詞　Na：な形容詞　N：名詞

この授業で工夫した点・学習者の反応など

　クラスのほとんどの学習者は4カ月前に来日し、『みんなの日本語Ⅰ』から、同じクラスで学習を続けています。授業は『みんなの日本語』を用いた文法積み上げ型のシラバスですが、学習者が日常のさまざまな場面でコミュニケーションを意識できるように展開したいと考えています。できるだけクラスで共有できる話題を取り上げ、脱線しながら自由に話す時間を設けるようにしています。

　今回の学習項目である「Nで」（原因）の導入では、学習者に身近な列車の遅延や運休の話題を取り上

げました。都内に在住する学習者の多くは、毎日のように列車の遅延に遭遇しています。話題を提示すると、すぐに学習者から、ホームが人であふれ、列車に乗れず大変だった経験が語られました。列車の事故によって、学校に遅刻の連絡をするという具体的で身近な場面での用いられ方を示すことで理解の定着を図りました。

もう一つの学習項目である「ので」の導入では、体調不良で学校に欠席連絡をするという場面を取り上げました。たまたま前日に欠席した学習者がいたので、電話連絡の場面を再現してもらいました。

どちらも学校に電話し、自分の事情を説明するという会話です。初級の学習者にとって、日本語で電話するのは緊張を強いられるものですが、習った表現を用いることで少しでも会話に自信を持ってもらいたいと考えました。

本時の学習項目は、学習者も普段から耳にしているため、理解しやすかったようです。後半の会話タスクでは、自由に会話を展開することができていました。例えば、言い訳をする会話では、宿題を忘れた理由を「うちが火事で宿題が燃えてしまったんです」と述べたり、スタッフへのお願いでは、「お金がないので、ちょっと貸していただけませんか」と申し出たりするなど、冗談を交えたやり取りを楽しんでいる様子でした。ゲストの参加もあったので、活気のあるコミュニケーションが生まれたようです。

教案を読んで

坂：どの導入も、しっかりとした文脈の中でなされていますね。「いつ、どんなときに」使う表現なのか、学習者は理解できるでしょうね。

横：そうですね。板書の説明も分かりやすいですね。「事故がありました。それ<u>で</u>、電車が止まっています」→「事故<u>で</u>、電車が止まっています」と接続詞をうまく活用しています。

坂：はい。「熱がある<u>から</u>、学校を休みます」→「熱がある<u>ので</u>、学校を休みます」と単純変換していますが、「から」の方がいい状況、「ので」の方がいい状況と、分けてみてもいいかもしれません。

横：そうですね。「ので」が使われる「お願い」「言い訳」「断り」の３つの場面を提示して練習するのは素晴らしいと思います。３つの「コミュニケーション上の機能」と言い換えてもよさそうですね。

坂：「Vので、〜」の練習で、「〜てもいいですか」と「〜ていただけませんか」のどちらかを学習者が選択するという案、いいですね。

横：はい。そして、機械的な変換練習だけではなく、学習者に自分の考える文をどんどん作ってもらっています。

坂：最後の「各グループ内での話し合い」、特に「教師がどんな反応だったか」を報告する部分、盛り上がりそうですね。

横：同感です。この活動は協働学習にもなっています。

坂：はい。文法積み上げ式のシラバスの教科書ですが、学習者にとって身近なコミュニケーションの機会をたくさん提供していますね。

横：そう思います。学習者に日本語のコミュニケーション能力をつけさせたいという先生の情熱と創意工夫が感じられます。

坂：冗談を交えたりして、学習者も楽しく、かつ、積極的に冒険しながら学んでいることが分かります。既にいい人間関係が出来上がっています。いいクラスになっていて、素晴らしいですね。

③ 総合教科書の教案例(100分)

作成者：うえまふじ

使用教材とクラスのレベル……『みんなの日本語 初級Ⅱ 第2版 本冊』26課（前半）（初級4カ月学習）

目 標………………………自分と趣味嗜好が同じかもしれない人を発見したときに、その人との距離を縮められる。あわよくば次につなげられる。

学習項目………………………「～んです。」

学習者国籍………………………中国4人、アメリカ・フランス・スウェーデン各3人、ベトナム2人、イタリア・ニュージーランド・タイ・台湾・エストニア・スペイン各1人（計21人・2人欠席）

PC：ピクチャーカード　FC：文字カード　CM：クラスメート　T：教師　S：学習者　MM：ミムメム・コーラス

時間	項目	学習者の活動	教師の活動・板書	教材	留意点
5分	トピック導入「その人について、知りたいとき」	Tの問いかけに答える 23人のCMの中には全然知らない人がいることを痛感する	◆問いかけ➡トピックを板書 「このクラスは23人。CMがどんな人か知ってる？ 知ったらもっと良い友達になれる！」	・教室に遅刻して入室。教師に謝るPC ・駅のホームで電車を待つが来ないPC ・教室で友人2人が顔面傷だらけPC ・教室で友人が気分悪そうにしてるPC ・遊びに誘われるも断るPC	興味を持ってもらうための問いかけ。一見雑談のように見せつつ今日のトピックを導入
10分	語彙導入	Tの問いかけに答えながら、ノートを取る	◆語彙を導入➡板書➡説明➡MM➡確認 （語彙：遅れる・遅刻する・喧嘩する・都合が悪い・気分が悪い）		話の流れを切らずに話題を展開しつつ導入。トピックの再導入
5分	「～んですか（解釈の確認）」導入	今日のトピックを再度、意識する TのYシャツの下のAKBのTシャツを発見し、驚き、質問する 「TはAKBが好きですか」 板書をノートに写す	①ふり：「CMだけでなく、Tについても知りたいと思わない？」 ②仕掛け： 　Yシャツの下に着ているAKBのTシャツのロゴが透けて見えるようにアピールする（ポケットのペンもタオルもAKB） ③Sの質問板書：**「TはAKBが好きですか？」** ④問いかけ 「皆はTのシャツを見て、どう思った？ 　TはAKBが好き？ 本当に？ 知りたい！ 教えて！ と思ったよね？ そのときは、 **「TはAKBが好きなんですか？」**（板書）	AKBのTシャツ AKBのペン・タオル	
10分	「～んですか」文法説明	Tの説明を聞いて、文型の意味、話者の心情、使用場面を理解する	①板書した2文を比較して説明と比較 「人を見て、思う。それは本当？知りたい！その時、「んですか？」を使う」		わかりやすい言葉で、文型を使う心情・意図を端的に説明する

時間	項目	学習活動	指導活動	教材	留意点
		PCの場面、人物の心情を理解し、文型理解を深める	②他の例をPCで確認し、理解を補強 ・けんかして話さない２人 ・エレベーターを使わない太った先生	PC	「～んですか?」を毎日の生活で聞いたことがあるか聞いて、日本人は自然な会話でよく使うことを教える
		各品詞の活用のルールをノートに取る	③形の説明(板書→普通形活用表で復習)	各品詞の普通形活用表	
10分	「～んですか」 口頭練習	Tの指示を聞いて、声を出して、頭を使って練習する	①MM(板書の文＋文法説明の提示文) ②単語変換 例)「歌いません」 ③文変換 例)「Bさん、歌を歌いません」	単語FC 文FC PC	④の文作成や後の会話練習で滑らかに発話できるよう、変換練習ではそこで使う言葉のみに絞って繰り返し練習
		自分たちのペースで考えながら、PCの場面、心情を理解して文型を発話	④PCで文作成「カラオケで歌わない人に声をかけるPC」(S全体で数枚練習→PC8枚一斉に板書してペアで作成)		
10分	「～んですか」 「(私も)～んです。」 会話練習	会話場面の発話を推測する シートの会話文の発話意図・心情を理解する ペアで覚えて自然に言えるまで練習	①トピック再導入「もし、誰かと自分の好きな物が同じだったらどう思う?」 ②会話場面PCの提示➡発話を引き出す ③会話シート配布➡T模範例➡全体でMM ④ペア練習➡数ペアに発表してもらう	・教室でサッカーボールのストラップをスマホにつけているCMに話しかけるPC 会話シート レアリア(漫画・ストラップ)	自分のことを話したいという強い欲求の表れ「私も～んです!」はここで導入、説明する
5分	「疑問詞+～んですか」 導入➡説明	PCを見て、発話を推測する 板書された文型をノートに取る	①問いかけ:「他の人と好きな物が同じ。もっと質問したくなるよね。何と言う?」(会話場面PC提示)➡Sの発話引き出す ②文型導入➡フレーム・例文板書「質問の言葉」～んですか?」「どんなチームが好きなんですか」「どのぐらいサッカーをしてるんですか」		
10分	「疑問詞+～んですか」 練習	Tの指示を聞いて練習する お互いの持ち物で、会話をする	①文変換 (疑問詞+文) ②PCで文作成 ③ペアで応答練習:Tが例を示す➡ペア練習➡数ペアに発表してもらう「相手の持ち物について知りたい!」	文FC 例:2/14にチョコを持ってるCMに、誰にあげるか尋ねるPCなど Sの持ち物	まずTが例を示し、話し方を理解してもらう

【会話】
A：ああっ！
B：な、なんですか？
A：Bさん、〇〇が好きなんですか？
B：ええ。好きです。Aさんも？
A：はい、私も大好きなんです！
B：じゃ、今度一緒に～ませんか？
A：本当ですか？ ぜひ、～たいです！

10分	「Q:どうして～んですか。A:～んです。」導入➡説明	PCから発話を推測する 板書した文型をノートに取る	①トピック再導入「友達について知りたい！と思うのは、他にどんなとき？」 ②会話場面PC提示「約束したのに、友達が来なかった翌日の会話」➡Sから引き出す ③文型板書 **「どうして昨日来なかったんですか」** **「ごめんなさい。頭が痛かったんです！」** ④説明：質問が「どうして」のときは、答えも「んです」セットでよく使う！	会話場面PC 文FC	
5分	「Q:どうして～んですか。A:～んです。」練習	Tのキューに沿って練習するペアで応答練習をする	①文変換 ②PCで文作成 ──➡ ③ペアで応答練習	**PC例** ・デートに遅刻した恋人に怒る ・飲み会で酒を飲まない人に尋ねる ・1人だけカラオケに行かない人に尋ねる ・お互い口を利かない友人2人に尋ねる	
14分	まとめのタスク練習『好き・嫌いマップ』	今日の授業のトピックは何か、どんな時に使える文法を学んだか、Tの話を聞いて再認識するTのマップを見ていろいろ質問する(文型で)B4紙と色ペンで5分でマップを書く例を見てどんなふうに話せばいいか理解する自分のマップを持ち、教室を歩き回る　➡興味を引く物があれば、話しかける	①トピック再導入「今日は人について**知りたい！自分のことを話したい時**」について。最後にCMのこと、よく知ろう！ ②Tが「好き嫌いマップ」の例を提示➡Sにいろいろ質問してもらう(文型で) ③B4紙とペンを配布して5分で書いてもらう ④TがS1人のマップを見て会話例提示 ⑤タスク開始 ⑥共通の好きな物があったペアに発表してもらう	Tのマップ例(A3用紙) B4のコピー用紙 カラーのマジックペン	「好きなもの・嫌いなもの・おすすめ」を5分で大きい字で書いてもらう。
1分 計100分	まとめ 大オチ	今日の授業で習った文型は、いつ、どんな時に使えばいいか再度理解を深める S「先生、本当はNMBが好きなんですか？」	T「教室の中でも外でも、好きな物が同じ、知りたい！話したい！と思ったら、今日の文法・会話をどんどん使おう!!」 T（AKBシャツをまくるとNMBのシャツが！）	会話場面PCで今日の文法の会話をおさらい	

この授業で工夫した点・学習者の反応など

　「～んです。」は初級の学習者にとって「意味は分かるけど使えない」の代表格だと思います。特に日本人と接する機会が少ない学習者には、使う意図・意義を感じにくい文型です。だから具体的な行動目標をどんな場面のどんな発話にしたら使えるようになるか、いろいろ考えましたが、テレビで

「○○芸人」というバラエティ番組を見ているときに、「好きな物が同じ人とつながりたい！」「好きな物について語りたい」という強い思いが「〜んですか？」「私も〜んです！」の発話につながるのではと思いました。

　これなら誰もが持ち得る思いなので学習者も理解しやすいし、この会話を覚えたら、アルバイトの休憩室や、近所の人と会ったときに、「好き」を媒介にして他者とどんどんつながっていけるのではないか、とも思いました。なぜ言葉を学ぶのか。それは、「相手について知りたい、自分のことを話したい」「その国の人とつながりたい」からです。

　そのときに「〜んです」をよく使うと教えたら、学習者の心と頭に「残る」かな、と思いました。実際、授業中の会話練習で本当に好きな物が一致した２人の学習者は実感を込めて、文型を発話できていました。難しい項目ですが、文型導入の時も「使用場面」と「話者の心情」をしっかり確認してから導入、練習したので特に大きな混乱はなかったです。ただ、行動目標を絞ったことでこの授業の会話は、使用場面がかなり限定されています。しかし、「文の正確な変換ばかりに執着し、使用場面の適切さを一切考慮しない練習」は、結局何も身に付かないと思います。逆に「焦点を絞った一点突破」で自信を付けられたら、放っておいても自分でさまざまな使用場面に応用していけるようになると思います。

教案を読んで

横：「一見雑談のように見せつつ、その日のトピックを導入」するためには、周到な準備が必要です。話していて、気付いたときには、その日の導入文型が出ていたという導入は、高等テクニックです。

坂：実はアイドルグループAKB48のファンであることが、透けたTシャツで分かるという仕掛け、いいですね。しかも、こっそりペンやタオルもAKB、そのことに気付いた学習者は盛り上がるでしょうね。

横：その仕掛けによって、「TはAKBが好きですか」を引き出して板書し、「シャツを見てどう思った？（中略）そのときは」というティーチャートークによって、使う場面を明確にしてから、「TはAKBが好きなんですか」を登場させてます。この流れ、素晴らしいですね。

坂：はい。今見ている、聞いている事実を基にして、「解釈の確認」のために「〜んです」を使うということを巧みに導入しています。

横：「日本人は自然な会話でよく使う」の「自然な」は要らないかもしれませんね。日本人の「不自然な会話」は普通はないので……。

坂：それから、この授業の中で「〜んです」の用法として、「解釈の確認」「自己欲求の表れ」「事情説明・理由説明」という３つが出てきています。どこかで整理する時間が必要になるでしょうね。

横：「相手のことについて知りたい、自分のことを話したい」「人とつながりたい」それが言葉を学ぶ理由、本当にそう思います。

坂：「焦点を絞った一点突破」、素晴らしいです。こういったチャレンジ、どんどん増えてほしいと思います。

横：場面、文脈を考慮しない文型練習だけでは、十分なコミュニケーション能力は付きません。人間関係を含めた文脈情報、そして伝達したい意味・意図、それをどう正しく適切に表現するかを考え、最後に形式（文型、語句など）が選ばれること、忘れてはいけませんね。

4 総合教科書の教案例(90分〈小テスト、連絡事項などの伝達時間は教案では省略〉)

作成者：アクビちゃん

使用教材とクラスのレベル ……『日本語初級１大地 メインテキスト』９課（初級前半）
目　標 ……………………………好き嫌い、上手下手が言える。
学習項目 ……………………Nが好きです／嫌いです　Nが上手です／下手です
学習者国籍 ……………………中国５人、台湾・スリランカ各３人、ベトナム・ミャンマー各２人、モンゴル１人（計16人）

T：教師　L：学習者

時間	項目	学習者の活動	教師の活動・板書	教材	留意点
2分	「Nが好きです」の導入		T：わたしはきのう、ビールを飲みました。おいしいです。おとといもビールを飲みました。おいしいです。今日も飲みます。明日も飲みます。毎日飲みます。わたしはビールが好きです。 板書 わたしはビールが好きです。	好き・嫌いの様子が分かる絵カード	「ビールが好き」という様子を見せるために、うれしそうに話す。 助詞は「を」ではなく「が」であることを伝える。
5分	練習①	教科書p.55　1-1 1)すし→ 　「わたしはすしが好きです」 2)音楽→ 　「わたしは音楽が好きです」 3)野球→ 　「わたしは野球が好きです」 4)映画→ 　「わたしは映画が好きです」 5)（自由に考えて） 回答を全体で復唱する。	（例の絵を確認しながら） T：これは何ですか。 L：果物です。 T：そうですね。わたしは？果物。 L：わたしは果物が好きです。 (1)〜4)同様に） T：5)はみなさん、何が好きですか？ （?のカードを見せながら）		学生の様子を見て追加で好きなものを言わせる。
10分	練習② インタビュー	教科書p.55　1-2 1)野菜→ 　A：「野菜が好きですか」 　B：「はい／いいえ」 2)漫画→ 　A：「漫画が好きですか」 3)猫→ 　A：「猫が好きですか」 4)掃除→ 　A：「掃除が好きですか」 5)（自由に考えて）	（例で確認しながらLに） T：甘いものが好きですか。 （Lの反応を見て） T：いいえ、あまり好きじゃありません。 　いいえ、嫌いです。 板書 A：甘いものが好きですか。 B：○はい、好きです。 　△いいえ、あまり好きじゃありません。 　×いいえ、嫌いです。		適宜補足的にLが嫌いそうなものを挙げて聞く。 勉強、漢字の宿題、タバコ、お酒、洗濯、掃除…など 「嫌いです」の使い方に注意。（キツい感じになる）

10分	学習した文型を書いて確認	教科書p.55　1-1と1-2で発話練習したことを書き、文字としての確認もする。		授業プリント（9課）（課毎に罫線を入れて書き込みができるもの）	
10分	発展練習	教科書p.55　1-3（ペアで） 1)映画→ 　A：「どんな映画が好きですか」 　B：「アニメが好きです」 ○A：「そうですか。わたしも好きです」 　B：「じゃ、今度一緒に見ませんか」 　A：「いいですね」 ×A：「そうですか。わたしはホラーが好きです」 2)音楽→ 　A：「どんな音楽が好きですか」 3)歌→ 　A：「どんな歌が好きですか」	T：○○さんはスポーツが好きですか。 L：はい、好きです。 T：野球、サッカー、テニス、（?のカードを見せながら）どんなスポーツが好きですか。 L：テニスが好きです。	「文型説明と翻訳」のp.76（Language and Culture Information）を参照。 （ミャンマー、スリランカ、モンゴルは対応がないので英語で） 有名な映画のタイトルを挙げて補足。	状況を説明する。 （誘う） 自分と好みが合うかどうかでAの答えが変わる。 時間に余裕があれば自由に誘い合う練習をする。
(休憩)					
5分	「Nが上手です／下手です」の導入		①（Tが歌ってみせる。Lの反応を見てLにも歌ってもらう。） T：いいですね。○○さんは歌が上手です。 ②（Tが猫の絵を下手に描く。事前に描いておいた上手な絵も一緒に見せる） T：（上手な絵を見せて）これはわたしの弟が描きました。 （Tが描いた絵と比べて）どちらがいいですか。 弟は絵が上手です。 わたしは絵が上手じゃありません。 板書 弟は絵が上手です。 わたしは絵が上手じゃありません。	猫の絵（手描き）	自慢するみたいなので、日本ではあまり自分のことを上手だとは言わないことを伝える。 「下手です」も相手のことを言うと失礼な印象になるので注意。

15分	練習	教科書p.56　1-4(ペアで) 1)絵 2)歌 3)ゲーム 4)(自由に考えて) 回答を全体で復唱する。	①家族の言い方の確認 ②Lの家族構成を確認 ③一緒に使う動詞の確認→リピート 　1)絵を描きます 　2)歌を歌います 　3)ゲームをします		①相手の家族の言い方と自分の家族の言い方の違いに注意。 ②中国のLは一人っ子が多いので、両親のことでも適当に設定した兄弟でもよい。
15分	学習した文型を書いて確認	教科書p.56　1-4で発話練習をしたことを書かせ、文字としての確認もする。			
5分	まとめ		今日学習した文型を再度板書して確認する。 板書 ①わたしはビールが好きです。 ②弟は絵が上手です。 　わたしは絵が上手じゃありません。		①助詞が「が」である。 ②「嫌いです」の使い方。 ③「上手です」は自分のことにはあまり用いない。 ④「下手です」は相手にストレートに言うと失礼になるので注意。 ⑤家族の言い方（自分と相手とで違う）。 以上のことを再確認。

この授業で工夫した点・学習者の反応など

　『日本語初級大地』は発話重視の教科書なので、文字の定着も図れるよう、発話練習の後にはその文型を文字化させて確認するようにしています。それができるような課毎の授業プリントを準備しています。

　非漢字圏の学生もいるクラスですが、板書は漢字にルビを振って書くようにしています。少しでも漢字に慣れてもらいたいですし、書けなくても、せめて読めるようにはなってもらいたいからです。

　7課で形容詞を学習し表現の幅が広がったこともあって、クラス全体の雰囲気も日本語で話すことの楽しさが感じられるようになり、今回は好き嫌いの表現を覚えたことで、学生たちの笑顔がさらに増したように思いました。スリランカのある男子学生が「わたしは日本人の女の人が好きです」と言い、私に紹介してほしいようなことを言いました。遅刻や宿題の未提出がちょこちょこある学生だったの

で、「○○さんはいい学生ですか、今は分かりません。毎日学校に来ます。宿題します。いい学生です。わたしの友達と一緒に会います。ＯＫです」と言うと、それから毎日遅刻せずに登校するようになりました。かわいいですね。

　初級クラスの授業のときは、特にジェスチャーや表情を豊かにして、場面や気持ちが伝わりやすいよう意識しています。ある意味「私は女優！」というような気持ちで臨んでいます。そうすることで学生たちも話しやすくなるようです。「先生はいつも元気です」と言いながら、それにつられて学生たちも元気に話してくれます。

　今回の好き・嫌いや上手・下手の使い方は、日本人らしさが表れるので注意しました。「嫌い」とはっきり言うことが少ないことや、自分のことに対して「上手です」と言わないことを伝えるなど、実際に学生たちが日本で暮らしていく上で意識した方がいいと思われる要素も、早い段階からなるべく伝えるようにしています。

教案を読んで

坂：導入部分が、Ｔのティーチャートークから板書へと、とてもスムーズな流れですね。うれしそうに話すことも、ここでは大切ですよね。

横：とても分かりやすい導入だと思います。

坂：練習①の教師の発話「これは何ですか。」と「そうですね。わたしは？果物。」ですが、答えを要求する質問とドリルの指示が混ざっていて、学習者からするとちょっと紛らわしいかもしれません。

横：混乱するかもしれませんね。同じ練習①で、４つほど代入ドリルをした後に、「あとは自由に」という流れ、いいですね。教師が用意した単語で代入ドリルが長くなりすぎると、飽きてくるので。

坂：はい、単調な代入ドリルは、テンポよく短くやるといいでしょうね。長くなると飽きて、ダレてしまいますから。

横：「どんな映画が好きですか」という質問に対しては、映画のジャンルではなく映画のタイトルで答えてくる学習者が多いかと思います。これは音楽も同じで、ミュージシャンの名前の回答が多いです。

坂：「わたしはアクション映画が好きですが、～さんはどんな映画が好きですか。」と言えば、より自然にジャンルに持っていけそうですね。

横：急に「歌って」と言われると、恥ずかしがって、歌ってくれないかもしれません。事前に了承を取っておくと安心ですね。

坂：「学習した文型を書く」作業には、学んだことを強化する効果もありますよね。書いてみると、分かったこと／分かっていないこと・できるようになったこと／まだできないこと、の識別ができます。

横：そうですね。日本人の女性に興味のあるスリランカ人の話も、とても面白いです！　先生の元気そして女優魂が、学習者に伝わったようですね。

坂：学習者の日本語学習の動機付けを上げるのに成功していますね！

5 総合教科書の教案例(50分)

作成者：MNB618

使用教材とクラスのレベル……『改訂版 毎日使えてしっかり身につく はじめよう日本語初級2 メインテキスト』
16課セクション1（初級後半）

目　標………………………今度の休みにすることについて、考えていることを伝える。

学習項目………………………動詞の意向形、意向形＋と思っています

学習者国籍………………………中国9人、ベトナム7人、フィリピン1人、スウェーデン3人（計20人）

PC：絵カード　T：教師　S：学生　フラッシュ：PCを次々と見せながら記憶、反応の練習をする。
◆：板書、コーラス・リピート　●：ドリル　★：CDを聞く

時間	項目	教師の活動	学習者の活動	板書・教材	留意点
9:00	断定の表現「～です/ます」「普通体＋と思います」の復習	「今日は何課を勉強**しますか**？ 明日は？」「授業は毎日何時に始まり**ますか**？ そして何時に終わり**ますか**？」などと質問し「です/ます」での発言を促す。 ◆板書をして、コーラス・リピート「この教科書、どう**思いますか**」「日本に来て、日本語が上手になった**と思いますか**？ これから、もっと上手になる**と思いますか**？」などと質問し、「～と思います」での発言を促す。 ◇「～と思います」の解説 ①普通体に接続していること ②「思う」の主語と、「難しい」や「なる」の主語が異なることへの気付きを促す。 ●変換・接続ドリル 教師がCueを出し、「～と思います」と接続させる。 雨が降ります／先生はお酒を飲みません／日本の部屋はせまい／リーさんはきれいです	「です/ます」を使って発言する。 S：16課-1を勉強**します**。明日は16課-2**です**。 S：9：00に始まり**ます**。12：40に終わり**ます**。 ◆コーラス・リピートをする。「～と思います」を使って発言する。 S：難しい**と思います**。 S：はい、なった**と思います**。これからもっと上手になる**と思います**。 ●「（普通体）＋と思います」の接続練習をする。	◆板書 16課-1を勉強します。 9：00に始まります。 ◆板書 この**教科書**は 難しい と思います。 **日本語**が上手に なった と思います。 なる と思います。	「普通体＋と思います」 「意向形」 「意向形＋と思っています」と対比してニュアンスを理解できるようにする。
9:10	「意向形」「意向形＋と思っています」導入	【16課-1会話PC提示】 PC内に現れる登場人物の名前、職業を確認し板書する。 PC内に現れる語彙を確認し、板書する。	PC内の語彙を言う。	16課-1 会話PC ◆板書 王さん 周さん 連休 富士山 ロバートさん	

		PCを指しながら、王さんがどこへ**行く**か、だれと**行く**のかを質問する。 ★CD16課-1 会話の全体を聞かせる。 ★◆CDをもう一度聞き、「富士山へ|行こう|**と思っています**」と「ロバートさんと|行こう|**と思っています**」のところで止めて、板書、コーラス・リピートを行う。	「〜ます」で答える。 S：富士山へ行きます。 S：ロバートさんと行きます。 ◆コーラス・リピートをする。 S：富士山へ|**行こう**|**と思っています**。 S：ロバートさんと|**行こう**|**と思っています**。	◆板書 富士山へ |**行こう**|と 思っています。 ロバートさんと|**行こう**|と 思っています。	
9:20	意向形の解説	◇「意向形＋と思っています」解説 ①「思っている」と、「富士山へ行く」「ロバートさんと行く」の主語が同じ「私」であることの気付きを促す。 ②「バスの切符は買ったか」「荷物を準備したか」「ロバートさんと相談したか」などの質問を投げかけながら、まだ何も決まっておらず、そのアイデアを思いついただけだというニュアンスを伝える。 ③「いつこのことを考えたか」の質問を投げかけ、「今」ではなく、少し前から「思っている」ことの理解を促す。 ◇「意向形」の作り方解説 辞書形からの作り方をⅠ、Ⅱ、Ⅲのグループごとに解説する。			
9:30	意向形の練習	●変換ドリル 教師がCueを出し、意向形に変換させる。 【Ⅰグループ】行く、買う、帰る、入る、待つ、飲む、遊ぶ、泳ぐ、話す 【Ⅱグループ】食べる、寝る、着る、起きる、出る 【Ⅲグループ】勉強する、掃除する、来る、持ってくる	●変換ドリルをする。 辞書形から意向形に変換する	◆板書 Ⅰグループ 行く(ku) ⇒ 行こう(kou) Ⅱグループ 食べる ⇒ 　　食べよう Ⅲグループ する ⇒ 　　しよう 来る ⇒ 　　来よう	Ⅰグループは教室の50音表を見せ、ウ段がオ段になることを意識させる。

9:32	「意向形 ＋と思っ ています」 の練習	●接続ドリル 上記のCueの一部を使って、「～ と思っています」と接続させる。	●接続ドリルをする。 意向形に変換し、「と思ってい ます」と接続する		
9:35	教科書を 使った練 習と簡単 な応用練 習	●【16課-1 練習1 PC】 ①まず辞書形を使った文でコー 　ラスし、次にフラッシュする。	●PCを見ながら発話する練習 ①教師に合わせてコーラス、次 　に絵を見て思い出しながら発 　話する。		
		②動詞の意向形をコーラスし、 　フラッシュする。	②教師に合わせてコーラス、次 　に絵を見て思い出しながら発 　話する。		
		③フラッシュしながら「と思っ 　ています」と接続させて全文 　を言わせる。	③絵を見て、「意向形＋と思っ 　ています」の文を発話する。		
		④「今度の休みは何をしますか」 　の質問にPCの内容で答える 　練習をする。	④絵を見て、先生の質問を受け 　てから「意向形＋と思ってい 　ます」を発話する。		
		学習者から学習者に質問させ、 自分自身のことを話すチェーン ドリルを行う。	自分の休みの予定について話 す。		
9:50					

この授業で工夫した点・学習者の反応など

　『はじめよう日本語』は話題、場面シラバス中心で、文法シラバス中心の『みんなの日本語』と違います。1回の授業で1課（1セクション）進める構成になっていて、その課の会話の中に含まれる2～3の文型を練習し、最後に模擬会話やクラスメートとの会話を行うことが、その日の授業の目標になります。そのため、今回の原稿では「（意向形）＋と思っています」の文型導入の教案のようになっていますが、実際の教案では、そのセクションで導入される他の文型、まとめとしての会話練習までの、全体の授業の流れを記した「セクションとしての教案」を作成します。

　『みんなの日本語』では、意向形のみの文（「いっしょに食べよう！」など）、「意向形＋と思っています」、「～つもり」との対比など、段階的に丁寧に指導されますが、この課では「意向形＋と思っています」のみが指導されるので、「～ます」（断定）や、「～と思います」と対比させるなど、少しでも丁寧に、文の構造やニュアンスが伝わるように配慮しました。

　この教科書は、4月から毎日1課進めていくようなコースの場合、ゴールデンウイークや夏休みのことについて語る会話がちょうどその時期に練習できるようになっていて、授業もより実践的で活発なものになります。それ以外の時期に開始するコースでも、その時期にある連休などを題材に会話の練習をさせるようにしています。

授業内ではうまく言えたり、活発に会話ができても、時間が経つと「私は行くと思っています」と話してしまうなど、定着が課題です。1回の授業の中で徹底的に練習するというのではなく、そのときそのときに、教師は「学習者が習ったことは使わせよう」という強い姿勢で、使わせていくことが定着への近道だと思います。

．．．

 教案を読んで

坂：「～ます」「～と思います」との対比から始まって、少しずつ「～（よ）うと思っています」に移行していくプロセスが、とても丁寧でいいですね。文の構造やニュアンスもしっかり伝わると思います。

横：ステップ・バイ・ステップは大事ですね。ところで、意向形の変換ドリルが、グループⅠ、Ⅱ、Ⅲの順で書かれています。私は、変換のやさしさを考えて、Ⅱ、Ⅲ、Ⅰの順で行ってるんですが……。

坂：グループⅢを先にして、Ⅱ、Ⅰの順でもいいでしょうね。グループⅠの動詞は一番時間がかかって、手ごわいですので。

横：辞書形から意向形にする変換ドリルって、かなり機械的になってしまいがちですよね。そうならない方法って、何かありませんかね。

坂：こんなのはどうでしょう？

　　　教師：（キューとして）行く
　　　学習者1：行かない。
　　　学習者2：えっ？　行こうよ。

　これだと、クラスの外でも友だち同士なら、使えますね。学習者同士の発話量も増えますし。

横：そういう方法があるんですね。そうそう、「～（よ）うと思っています」を学ぶ時期が、学習者の実際のスケジュールと合致しているのは、素晴らしいですよね。きっと使いたくなるでしょうね。

坂：そうですね。この授業は、初級の学習項目「～（よ）うと思っています」を丁寧に段階を踏んで、少しずつ文が作れるように導いていくことを目指している授業だと思います。

横：だから、動詞の選択なども教師がコントロールしているんですよね。

坂：はい。これに加えて、学習者が自分で動詞を選んで話せるような有意味な練習があると、学習者のやる気もさらに増すでしょうね。

6 総合教科書の教案例 (45分)

作成者：いちご

使用教材とクラスのレベル ……『文化初級日本語Ⅱ テキスト 改訂版』27課（初級後半）

目　標 ……………………完了を表す「□□てしまう」を理解し、日常の予定や出来事などを「□□てしまう」を使用し話すことができる。

学習項目 ……………………□□てしまう（完了）

学習者国籍 ………………ベトナム13人、ネパール3人、スリランカ・インド・ブラジル各1人（計19人）

T：教師　S：学習者　帳：練習問題集

時間	項目	学習者の活動	教師の活動・板書	教材	留意点
9:00	【導入】「〜てしまいます」（未来完了）導入	●Tの発声から、設定状況を理解し、「〜てしまいます」の意味を考える	◆口頭による状況設定から、「〜てしまいます」導入 発声例： （カレンダーを使って、日にちを示しながら） T：「今日は金曜日です。明日、明後日は休みです。明後日、友達と遊びに行きます。でも、たくさん宿題がありますから、今日の夜、<u>宿題をしてしまいます</u>。今日の夜、全部して、終わります。今日の夜、<u>宿題をしてしまいます</u>。」 ＊他、いくつかの状況設定から、「〜てしまいます」の文、提示	カレンダー	理解発声 ＊状況を理解させるため、学習者の理解を確認しながら、発声は少しゆっくり目に
9:05	【理解】「〜てしまいます」（未来完了）理解	●既習語彙（現在・未来）を確認、整理する ●「〜てしまいます」の意味の理解	◆時間軸の板書、「〜てしまいます」理解 宿題をしてしまいます 友達と遊びます ←――●――↓―↓――未来→ 　　現在　今日の夜 明後日 ＊〜てしまう、が動作を終わらせることの理解 ＊他にも、いくつか時間軸を示しながら、例をあげる ＊現在、未来の言葉の確認 ◆文型と接続の提示（板書） 　　□□て｜しまう 　動詞 て形｜しまいます。 ◆テキスト p.105 文型5 例文確認 ＊各例文で、「〜てしまう」が動作の完了を表すこと、語彙の確認 ＊「〜てしまう」が他の既習文型とともに使えることも理解させる。口頭練習も 例：〜てしまうつもりです、〜てしまいましょう	「□□」カード「動詞」「て形」文字カード	現在、未来の言葉の意味を確認 ＊時間軸の意味と、「〜てしまいます」が使われる意味を考えさせる 「〜てしまいます」の意味が理解できたら、形にフォーカスを当てる ＊軽く、て形の確認も行う 例文の使われている状況・場面をしっかり確認する

		理解したことをアウトプットし、自分の理解を確認	◆Tが前件を言い、Sに「〜てしまう」の後件文を作らせる 発声例： T：「今日は9時からドラマを見たいから、その前に……」		理解したことをアウトプットし、理解に誤りがあればそこをしっかり再度確認する
		理解したことを運用してみる	◆作文　（自由） ＊Sに自分の知っている語彙で自由に文を作らせる　⇒発表 ＊誤りがあれば訂正		
9:25	【展開】 「〜てしまいました」 （過去完了） の理解	時制の違う形を理解 「〜てしまいます」との比較整理	◆未来完了同様、口頭で状況設定をして、「〜てしまいました」（過去完了）、導入・理解 すでに板書した時間軸に『過去』という言葉を追加し、「〜てしまいました」が過去の完了だということを視覚を通しても理解させる ＊いくつか例を挙げ、しっかり理解させる ＊文型にも、「〜てしまいました」を追加 ◆作文（自由）		未来完了導入時同様、状況設定をしっかりと学習者へ理解させることが大事
9:35	【応用】 比較展開	既習の同文型との比較により、頭の中を整理	◆残念な気持ちを表す「〜てしまいました」との比較 （残念な気持ちを表す「〜てしまいました」19課で既習）	板書で、①『完了』②残念な気持ち、と「〜てしまう」の機能を示す	「〜てしまう」には、2つの意味があることを理解させる ＊完了などの言葉を覚えさせる必要はない
9:38	【まとめ】	今日学んだことを自分で整理する 間違っていることがあれば、訂正	◆帳p.47　V 選択式なので、Sと一緒にさっと行う ◆「〜てしまいます」「〜てしまいました」の穴埋めの問題プリント配布 ＊各自考えさせる ◆問題答え合わせ ◆問題文　コーラス	穴埋め問題プリント	アウトプットにより、自分の理解を学習者自身に確認させる ＊間違っていたら訂正
		理解と発声を結び付ける 確認	◆理解の確認 ＊Tが状況設定し、前件を言い、後件をSに言わせる(何も見ずに) T：「明日は友達と遊びに行きますが、たくさん宿題がありますから、今日の夜……」 S：「宿題をしてしまいます」「宿題をしてしまうつもりです」 ＊いくつか文を提示し、理解確認 ＊過去完了も含め ◆文型、接続の確認 ＊「〜てしまう」の意味、接続の確認		

この授業で工夫した点・学習者の反応など

　言葉は状況や場面に付随して使われるものです。特にこの「～てしまう」の文型は、使う状況や場面によって使用するかどうかが決まってきますので、状況設定をしっかりと学習者に理解させることが大事です。どのような状況、場面で使用するのか、できるだけ分かりやすい設定で理解させ、良いタイミングで学習する文型を導入するよう心がけました。

　初級後半ということもあり、文法用語など、少し難しめの語彙も理解できそうなものは使っていくようにしています。この文型理解では、現在、過去という言葉がテキストで既に出てきているので、それらの言葉を使っても理解を深められるように試みました。学習者の中には、それらの言葉を覚えていない学習者もいるので、時間軸を板書して、視覚的なものでも理解を促し、文型理解と語彙の理解、習得ができるようにしました。この文型理解では、完了＝過去という理解になってしまう学習者もいるので、「～てしまいます」（未来完了）を導入・理解させた後、やはり視覚的に助けとなる時間軸を使って確認し、「～てしまいました」（過去完了）を提示後、2つを時間軸の中で比較しました。現在を軸とし、未来、過去という時間の中で、いつ動作が完了するか理解させられるよう工夫しました。また、『文化初級日本語』では、完了の意味を持つ「～てしまう」の前に、残念な気持ちを表す「～てしまう」を学ぶため、2つの比較も行い、意味が2つあることを確認させ、学習者の頭を整理させました。

　全体としては、ただ文をリピートし、形が分かるだけではなく、学習者の頭に使用する状況、場面をイメージさせ、どのようなときに使用するか考えながら発声させることに重点を置き授業を展開しました。

坂：「～てしまう」の機能が「日常の予定や出来事を話す」となっているのは分かりやすくていいですね。文法的な「完了」という説明だけでなく、実際にどういうところで使うかが明らかになって、学習者は使い方を学べますよね。

横：そうですね。導入部分の視覚情報とティーチャートークが、その分かりやすさを支えていますよね。

坂：時間軸を使っての「完了」の意味の説明、とても分かりやすいです。未来完了も過去完了も、時間軸を使うと、視覚的に理解できます。

横：時間軸の「現在」と「その時間の後」の間に宿題をしている絵を置いて、「その時間の後」の真上に宿題が終わった絵を置くと、「やりつづけて終わった」という感じが、より伝わるかもしれませんね。それから、「Ｔが前件を言い、Ｓに『～てしまう』の後件文を作らせる」活動は、いろんな文が出てきそうで面白そうです。

坂：学習者に考えさせ、答えさせていて、いいと思います。ただ、実際の会話ではこういう場面はあまりないので、会話形式の練習もあったほうがいいかもしれません。例えば、Ｔ「お昼の会議、なかなか始まりませんねえ。」、Ｓ「そうですねえ。先にお昼ご飯を食べてしまいましょう。」とか。こんな練習も、いろいろと答えが出て、学習者の発想が生かせるでしょうね。

横：「～てしまいます」を、未来完了から過去完了の順で導入している点、「完了＝過去」という誤解を避けるうえで、有効だと思います。そして、過去完了を導入した後で、既習の「残念な気持ちを表す『～てしまいました』」を思い出させ、比較対照しています。

坂：はい、各構文を出す順番が、綿密に計画されています。全体を通して、場面・状況が重視され、視覚情報が有効活用されていますよね。

7 総合教科書の教案例 (50分)

作成者：豆柴

- **使用教材とクラスのレベル** ……『できる日本語 初級 本冊』6課 スモールトピック1 (初級)
- **目標** ……………………………友達を誘うことができる。また、誘いを受けたり断ったりすることができる。
- **学習項目** ……………………Vませんか、Vましょう、〜はちょっと、〜があります
- **学習者国籍** ……………………ベトナム・ネパール各4人、スリランカ・バングラデシュ各2人、中国・韓国各1人(計14人)

時間	項目	学習者の活動	教師の活動・板書	教材	留意点
9:00	イントロダクション 夏休みの出来事について自由に話をする	教師に夏休みにしたことを伝える 夏休みの出来事について詳しく伝える 携帯に写真を入れている人はそれを見せて、説明する 例 「ハウステンボスへ行きました」 　「友達と行きました」 　「電車で行きました」 　「□□□□□□□」	学習者に夏休みにしたことを伝える 写真を見せる 教師は学習者のことばに応じて、できるだけ詳しく状況が分かるような質問をする 「夏休み何をしましたか？」 「誰と行きましたか？」 「どうやって行きましたか？」 「ハウステンボスはどうでしたか？」など	写真	文法や語彙の間違いを訂正することはせず、自由に話ができる雰囲気を作る
9:10	タスク イベント情報を読み取り、他者を誘う タスク① 「いつあるの?」 タスク② 「いっしょに!」	3人が一組でチラシを自由に見る チラシの内容について自由に話をする チラシで分からないところを教師に聞く 「今週」という文字カードが出たときは、「今週」あるイベントのチラシを探す グループの1人が「サッカーの試合」か「コンサート」のチケットを2枚受け取る 一緒に行きたい人を探す(誰でもよい) 実際に誘ってみる 誘われた人は、OKかダメか答える 誘うのに成功した人は手を挙げる	夏のイベントのチラシを各グループに4枚配る 学習者の分からないことに答える 「今週」「来週」「今晩」「来月」の文字カードから1枚ずつ提示する グループの1人に「サッカーの試合」か「コンサート」のチケットを2枚渡す 学習者はチケットを2枚受け取ることで、一緒に行きたい人を探すと思うので、誘っていいよ、と軽く後押しする 誘うのに成功した人を尋ねる	イベントのチラシ 「花火大会」 「サッカーの試合」 「夏祭り」 「コンサート」 文字カード 「サッカーの試合」と「コンサート」のチケット	チラシは実際のものを用いる 例えば「8月25日」が「来週」と一致できるか 現在の学習者ができる会話を行う。文法、語彙の訂正は行わない

9:30	フォーカス・オン・フォーム	一緒に行くことになったAさん、Bさんが会話を再現する	一緒に行くことになったペアに会話を再現してもらう		
	自然な会話から学習項目へ焦点化	（予想される会話1） Aさん「Bさん、音楽が好きですか？」 Bさん「はい。好きです。」 Aさん「今週の土曜日、一緒にコンサートに行きますか？」 Bさん「いいですね。行きます。」	（板書1） Aさん「Bさん、音楽が好きですか？」 Bさん「はい。好きです。」 Aさん「今週の土曜日、一緒にコンサートに行きますか？」 Bさん「いいですね。行きます。」		学習者の会話を訂正せずに板書する 状況設定が明確なので、類似の会話が基本的に出る。 ただ学習項目の通りでない場合は、教科書の絵カードを用いて再度会話作成を行う。
		適切な文法について考える	会話が不自然になっている箇所に注意を向け、学習者にどうすればよいか問いかける		
			（板書1'） Aさん「Bさん、音楽が好きですか？」 Bさん「はい。好きです。」 Aさん「今週の土曜日、一緒にコンサートに行きますか行きませんか？」 Bさん「いいですね。行きます行きましょう。」		
	Vませんか Vましょう	気付いた学習者は「行きませんか」「行きましょう」と伝える			学習者自身の答えを待つ
		一緒に行くことにならなかったCさん、Dさんが会話を再現する	次に一緒に行くことにならなかったペアに会話を再現してもらう		
		（予想される会話2） Cさん「Dさん、音楽が好きですか？」 Dさん「はい、好きです。」 Cさん「今週の土曜日、一緒にコンサートに行きますか？」 Dさん「土曜日はアルバイトです。」 Cさん「そうですか。」	（板書2） Cさん「Dさん、音楽が好きですか？」 Dさん「はい、好きです。」 Cさん「今週の土曜日、一緒にコンサートに行きますか？」 Dさん「土曜日はアルバイトです。」 Cさん「そうですか。」		学習者の会話を訂正せずに板書する 状況設定が明確なので、類似の会話が基本的に出る。 ただ学習項目の通りでない場合は、教科書の絵カードを用いて再度会話作成を行う。
		適切な文法について考える	会話が不自然になっている箇所に注意を向け、学習者にどうすればよいか問いかける		

	Vませんか 〜はちょっと〜 があります	気付いた学習者は「行きませんか」「今週の土曜日はちょっと」「アルバイトがあります」と伝える	(板書2′) Cさん「Dさん、音楽が好きですか？」 Dさん「はい、好きです。」 Cさん「今週の土曜日、一緒にコンサートに行きますか行きませんか？」 Dさん「土曜日は~~アルバイト~~です。今週の土曜日はちょっと。アルバイトがあります。」 Cさん「そうですか。」		学習者自身の答えを待つ
9:40 9:50	パターンプラクティス 　機械的な文型練習	「〜ませんか」「〜ましょう」に変換する 「食べませんか」「食べましょう」 「見ませんか」「見ましょう」 「〜ませんか」の文を作る 「今晩、一緒にご飯を食べませんか」 「今週の金曜日、一緒に映画を見ませんか」 「〜ませんか」「〜ましょう」の文を作る 「今晩、一緒にご飯を食べませんか」 「いいですね。食べましょう」 「〜ませんか」「〜はちょっと。〜があります」の文を作る 「あさって、一緒にバーベキューをしませんか」「すみません。あさってはちょっと。用事があります」	次の文字カードを見せる 「食べます」 「見ます」 次の文字カードを見せる 「今晩・ご飯」 「今週の金曜日・映画」 次の文字カードを見せる 「今晩・ご飯／〇」 次の文字カードを見せる 「あさって・バーベキュー／×(用事)」	文字カード	非漢字圏の学習者が多いクラスであり、非漢字圏の学習者にとっては音声による変換練習は簡単な場合が多いので、漢字も含まれた文字カードを用いる練習を必要に応じて増やす

この授業で工夫した点・学習者の反応など

　本教案における授業の構成は、「イントロダクション→タスク→フォーカス・オン・フォーム→パターンプラクティス」としました。この後、応用練習を行います。イントロダクションは、学習者と教師が自由に日常の話題について話をします。その目的は、学習者のことを知ると同時に自由に話ができる教室の雰囲気を作ることです。本教案では、授業日が夏休み明け（お盆明け）最初の授業という設定で、夏休みにしたことを話題にしています。タスクは、複合的な教室活動です。教室という場所は、

どうしても教師が指示を出し学習者がそれに従うという関係を持ってしまいがちなので、それを壊すことを大きな目的としました。例えば松村（2012, pp.8-9）ではタスクの条件を、①活動成果の重視②意味へのフォーカス③自然な認知プロセス④学習者の主体的関与とまとめています。①を本教案で考えてみると、イベントのチラシを素材にそのイベントがいつ行われるのかを読み取り、誘うことになります。②は学習者一人一人が異なる興味を持つため複数のイベントのチラシを比較しながら見ることでしょう。③は実際のチラシを用い学習者が自由に見ることで起きると考えられます。また④はこれからある夏のイベントを提示し、実際に行きたいという気持ちを持つことで生まれます。タスクを工夫することは教師がさせる授業から学習者がしたい授業へ変わるきっかけになると考えています。次のフォーカス・オン・フォームは、自然な会話のやりとりから文法形式へ焦点を当てるために行います。教師は学習者同士が行った会話をそのまま板書します。その会話の不自然なところを学習者自身で考えてみます。学習者自身で答えが出せないときは、教師が適切な文法へ訂正を行います。その後、焦点が当たった文法項目を取り出してパターンプラクティスを行います。

(参考文献) 松村昌紀(2012)『英語教育21世紀叢書 タスクを活用した英語授業のデザイン』大修館書店

教案を読んで

横：「タスク」活動の選択と活用法に、きめ細やかな配慮がなされていますね。「タスクとは何か」という定義づけを確認し、教室活動に落とし込んでいくときに、その定義の枠組みを活用していますよね。

坂：意味中心のインターアクションをしながら、形式に焦点をおいて導入に繋げ、Focus on Form（FonF）を行い、必要な形式を機械的練習でカバーし、その後、応用練習でコミュニケーション活動に戻るという流れです。この授業では、FonFを授業に活かす具体的方法の一例が示されています。素晴らしいです。

横：それに、教師が質問、学習者が回答という関係を壊しています。すると、いろいろなインターアクション、活動の可能性が出てきますね。

坂：「タスク」の部分で４つのイベントが提示され、「今週」〜「来月」という表現を使う必要性が出ています。うまい導入方法ですね。イベントのチラシも、身近なもので楽しそうです。

横：タスク②ですが、「花火大会」「夏祭り」が使われないのは、何かもったいない気もします。「花火大会」や「夏祭り」に行きたい学習者もきっといると思うので、「特別席チケット」みたいな仕掛けがあれば、この２つのイベントもタスク②に入れられるかと思います。

坂：パターンプラクティスですが、教師がキューを出して動詞だけ変えるものから、動詞を自分で考え文の中に入れて作るもの、相手の答えまで指定し、短い会話をさせる練習と、バラエティーがありますね。

横：はい。FonFで意味から形式に焦点をスイッチし、形式をフォローする練習をした後、再度意味に戻って、学習者の手にコントロールを与え、学習者の自己表現やそれを相互に伝え合う活動まで発展していくと、学習者もワクワクするでしょうね。

坂：日本語を使ってお互いの考えを伝え合う授業、目指したいですね。

8 総合教科書の教案例 (115分)

使用教材とクラスのレベル ……『できる日本語 初中級 本冊』3課「できる！（クラスで行う活動の部分）」（初中級）

目標 ……今の仕事・学校生活についてのインタビューを通して、実際の日本人や上級話者の生の日本語に触れる。
リーダー・書記・インタビュアーなど役割を分担し、グループで活動する。

活動内容 ……実際の日本人や上級話者に現在の学校生活や仕事・生活についてインタビューし、その内容をポスターにまとめる。

学習者国籍 ……台湾3人、インドネシア・タイ各2人、アメリカ・イタリア・ネパール・香港・フィンランド・フランス・ベトナム・モンゴル・ミャンマー各1人（計16人）

※事前準備：ゲストとして招くゲストスピーカーを依頼、今回の活動についての趣旨やお願いが書かれたプリントをお送りしておく。　Ｔ：教師

時間	項目	学習者の活動	教師の活動・板書	教材	留意点
10分	活動の趣旨・手順・時間の説明	4人グループに分かれ、役割分担をする	Ｔ：第3課では将来の目標や休みの計画について、クラスメートと話しましたね。今日は、日本で働いている日本人や、夢のために勉強している人に、インタビューをしましょう。今日はグループで活動しますから、4人でグループを作ってください。いつものペアの人と違う人たちとグループを作ってください。グループを作ったら、プリント①を見てください。今日の活動をみんなで確認してください。そして、リーダーや、インタビューする人など、役割を決めてください。	活動プリント①（活動・役割分担について）	まず、今回の活動に関してしっかりと理解をさせる。グループを作る際は、あまり普段話したことのない人と組ませるようにする

活動の趣旨・手順・時間について説明グループに分け、机間巡視しながら、役割分担がうまくいっているか、確認 |
| 30分 | インタビュー内容の検討 | グループごとに、インタビューする内容を決め、どのようなポスターにするか検討する

実際のインタビュー記事がどのようにできているかも観察し、参考にする | Ｔ：みなさんはインタビューをしたことがありますか？ では、雑誌のインタビュー記事をちょっと読んでみましょう。難しいと思いますが、分かるところもありますね。どんな質問？ どんな答え？ グループで見て、話してみましょう。

Ｔ：プリント②を見てください。今日インタビューする人の仕事が書いてあります。この人にどんな質問をするか、グループで相談してください。 | 雑誌などのインタビュー記事

活動プリント②（インタビューメモ） | インタビュー記事は学生が興味がありそうな有名人のものを何種類か準備しておく（アイドル・スポーツ選手・実業家など） |

			グループごとに、話し合いがうまくいっているか確認 実際の雑誌などのインタビュー記事を見せ、インタビュー記事がどのように作成されているかを考えさせる		
20分	インタビュー	それぞれ、グループごとにゲストを招いてインタビュー	グループごとに、インタビューがうまくいっているか確認 （ゲストの方への最後のお礼も忘れずに）	ゲストの方に入っていただく ゲストの方退席	早く終わってしまったグループなどに対応できるように
30分	インタビュー記事作成	グループごとに、インタビュー記事を作成	リーダーを中心に活動がうまく進むよう、机間巡視	A3用紙 サインペン 色鉛筆	インタビュー時に各グループが撮影した画像はそれぞれグループで加工後、学校のPCから印刷
20分	ポスターツアー	各グループで前半（見学）・後半（説明）に分かれ、他のチームが作成したインタビュー記事を見たり、他のチームにインタビューした内容を説明したりする	各グループを、前半・後半に分ける ポスターツアーの方法を説明 Ｔ：みなさん、すてきなインタビューのポスターができましたね。他のグループのポスターも見たいでしょう？ それではまず、Ａグループとゲループは、他のグループのポスターを見て、質問してください。Ｃグループとグループの人は、ポスターについて説明をしてください。		質問ややりとりができるだけ活発になるように、「〇〇さん、質問はない？」「△△さんのグループと同じですか？」など、学習者同士の発話を促すようなキューを出す
5分	感想記入	活動プリント②感想記入	Ｔ：今日のインタビューはどうでしたか？ 　　最後に、感想を書いてください。 活動プリント②回収	活動プリント②（感想）	それぞれ、グループ活動で表に出なかった各自の日本語能力を再度確認

できる日本語初中級
第3課

できる！インタビュー
●学生に現在の学校生活について聞く／日本の社会人に現在の仕事・生活について聞く

●インタビューした内容をポスター（A3）にまとめる

時間：10：40〜11：00（インタビュー）
　　　11：10〜12：00（ポスター作成）
場所：みんなで話し合って決めてください。

役割分担
チームの役割を決めましょう。

●リーダー	チームの代表です。責任をもってこの仕事を終えてください。	
●インタビュアー	インタビューする人です。あいさつやお礼もしっかり言いましょう。	
●書記	インタビューの内容をメモする人です。名前など間違えないようにメモしてください。	
●デザイナー	記事を作る人です。おもしろくて素敵なポスターにしてください。	
●カメラマン	写真を撮る人です。	

できる日本語初中級　第3課　　　　　名前：

日本語上級者を教室に呼んで、今の生活についてインタビューしてみましょう。

20代／女性／スウェーデン人／日本で就職が決まった

・どんなことを話したい？聞きたい？

ゲスト＿＿＿＿＿＿＿＿＿＿さん

どんな人？

感想

この授業で工夫した点・学習者の反応など

　活動をする際には、通常の文型導入や会話練習とは違う注意や準備が必要です。教案を作らず、活動に入った場合、だらだらとしたものになりがちですが、教案を作ることによって、活動の流れが教師自身の頭の中で整理され、的確な指示やファシリテートができるようになります。特に活動を行う場合、なぜするのか・どうやってするのか、を学習者に理解させるということが授業成功の最大のカギであり、分かりやすくはっきりした指示を出すことが、教師の一番重要な役割であると考えます。

　まず、授業の初めに今回の活動の趣旨・手順・時間について説明をし、理解をさせます。これにより、学習者のモチベーションは上がり、時間を意識したきびきびとした活動になります。また、インタビュー活動を行う前に、実際のインタビュー記事を見せることによって、出来上がるポスターのクオリティーも上がり、学習者自身も完成のイメージを持ちやすくなります。実際に活動を行った際は、記事のスタイルを似せようとするグループが多く、出来栄えもよかったです。またポスター作成の際に日本語だけではなく、デザイン要素（活動ではポスターの全体像やレイアウトを決める役割をデザイナーとした）を入れることによって、グループ活動ならではの個人の特徴を生かした役割も生まれます。最後は単純にポスターを作成して終了ではなく、他グループのものを見たり、自分たちのチームのポスターについて説明する時間も設けました。ポスターツアーと呼ばれる手法ですが、これにより、グループを超えたやりとりも起こり、さらに活発な活動になります。最後は個人で感想を書かせますが、このアウトプットで、グループ活動で見えなかった個々の学習者を再度認識する過程は必ず設けるようにしています。グループ活動で個の成長が止まるのではなく、個に還元されるような活動になるようにしたいと思っています。

教案を読んで

横：ポスターツアーの案、本当に素晴らしいですね。

坂：そうですね。作品をみんなで見合うことでお互いがお互いから学ぶことも多いでしょうね。

横：はい。ところで、「いつものペアの人と違う人たちとグループを作ってください」という指示で、学習者は自分たちでうまくグループが作れるんでしょうか。

坂：状況によっては、グループをあらかじめ作っておいてもいいかもしれませんね。くじ引きなどの方法でペアを決めるのも一案でしょう。

横：状況次第なんですね。各グループの構成メンバーそれぞれに役割を持たせるのって、素晴らしいですね。

坂：そう思います。各人がやるべきことがあると責任感がぐっと増しますから。あとは、同じ人がいつも同じ役にならないようにいろいろな役を回すといいでしょうね。

横：「やり方を示す」だけでなく、雑誌などのインタビュー記事を「モデル」として提示するのも、すごくいいですね。より質の高い作品にしようという意欲も出てきます。

坂：そうですね。安定した作品ができるようになったら、少しぐらい冒険させてみて、各グループのオリジナリティーがどんどん出てくるようになれば、教師冥利に尽きますよね。

横：「グループ活動が、個に還元されるような活動」を目指して、個人で感想を書かせるのも見習いたいです。

坂：グループから個に、また、個からグループに貢献できるようになると、さらに素晴らしいでしょうねえ。個でも学び、またグループで協力してお互いが学び合うという連帯感が出て、クラスの雰囲気もさらに良くなることが期待されますね。

総合教科書の教案例(45分)　　　　　　　　　　作成者：ゆいちゃん

使用教材とクラスのレベル……『できる日本語 中級 本冊』6課スモールトピック1(中級前半)

目　標………………………住んでいる町の気候について書かれたものを読むことができるようになる。

学習項目………………………①〜に囲まれている　②〜(が)〜を占める／〜が占める　③〜がち

学習者国籍………………………中国11人、ベトナム9人(計20人)

T：教師　S：学習者　WU：ウォーミングアップ　PPT：パワーポイント　斜字体：Tの例

時間	項目	学習者の活動	教師の活動・板書	教材	留意点
5分	WU	ディクテーション	WUとして本日のテーマを、ディクテーションの問題に含める(5問中2問程度) ①広島市の人口は広島県の人口の42%だ。 ②広島は山が多いです。昨年土砂災害がありました。(「土砂災害」はL5で既習) ディクテーションの答え合わせから教科書へ		WU段階からそれとなく触れる
5分	今ある力で本日のテーマに挑戦	今ある力で住んでいる地域と自国の地形・気候について考えて話す	Tが例を示す(口頭) T：「私のふるさとは名古屋です。名古屋は愛知県にあります。日本の真ん中にあります。東京、大阪の次に大きい町です。名古屋は夏とても暑いです。湿気が多く蒸し暑いです。冬はもちろん寒いですが、雪はあまり降りません。場所によって違いますが、広島より少ないと思います。また、海があります。広島と同じですね。広島は広島湾ですね。名古屋は伊勢湾です。」(PPTで見せる)	名古屋市「地形と気候」(参考) Tの例を文字で示す(PPT) 日本地図(PPT)	Sがすぐ答えられたら、Tの例はさらっと確認程度にする 今ある力で何ができるか学生に認識してもらうのと同時に復習を兼ねる(L1の天気の用語、L2「〜によって」) 「蒸し暑い」などその都度語彙を導入する
5分	導入	数名に発表してもらう p.76(チャレンジ！)を黙読(各自) 設問1、2に答える 知らない単語に印を付ける(早くできた学生は辞書で調べる) S1に全体を読んでもらう S2が設問の答えを言う	表現や語彙はその都度、導入する p.76を見るよう指示 少し時間がかかる学生ができるまで待つ Sの言った設問の解答を板書して確認する 語彙を追加する(分数(表記／読み方確認)、「東西」を引き出す) T：ベトナムも「南北」に長いですね。中国やロシアはどうですか。		どのような発表でも発表者をねぎらう 基準となるSを決めておく 「瀬戸内海」や「中国地方」も引き出す(前ページの「話してみよう」の復習も兼ねる)

12分	文法説明（3つ）例文確認	文法理解、接続確認	文法 (p.79 使ってみよう やってみよう) ① 「〜に囲まれている／に囲まれた」(板書) ・日本は周りを海に**囲まれています**。(板書) ・○○学校は山に囲まれています。／○○はビルに囲まれています。(口頭で例示) ・老後は多くの孫に囲まれて生活したいです。(板書。違う場面でも使えるものも紹介) 接続を引き出す(T：海に〜、山に〜、孫に〜、前は何がきますか。)→接続確認 (板書) ② 「〜 (が) 〜を占める／〜が占める」(板書) ・山林が国土の3分の2を**占める**。(板書) 　円グラフを書いて3分の2を示し(指で指しながら)意味確認 ・日本は65歳以上のお年寄りが25%を占める。(口頭) ・中国人学生は留学生数の3分の1を占める。他はベトナム人学生だ。(口頭) 接続確認(板書) 少し脱線…… 「占める」は、「占い」と書いたら読み方も意味も全然違うことに触れる ③ 「〜がち」(板書) ・日本海側は曇りがちの日が続きます。(板書) T：これは、曇りの日が多いという意味です。 ・子どものころから病気がちで、あまり無理はできないんです。(口頭) ・最近、人の名前を忘れがちだ。(板書) T：あまりいいことに使いません。 接続確認 病気がち、怠けがち、留守がち(板書) 名詞／Vます+がちで使うが、名詞に+なりがちでも使う→無関心に／過保護になりがち		
				血液型や星占いの画像(PPT)	雑誌やネットで「占い」を見れば、あ、「占める」があったな、と思い出してもらえればよい ★「〜気味」はL12で勉強する(自ら触れず) →状態や体調で使う太り／風邪／疲れ／緊張気味 →よくないことに使うのは同様 →「〜がち」は回数
10分	実践練習	p.79の例文の意味確認 S6〜10：1文ずつ例文読む S各自で例文音読(自身のスピードで)	p.79の例文の意味確認 広島市「温暖な気候」プリント配布 →「日照時間」「名水」「渇水」など語彙追加	広島市「温暖な気候」(PPT)	p.79の1の②、2の②例文の名詞修飾も確認 p.79の「地形や町の様子、気候を説明するときの表現」を参照しながら、出てきた表現を紹介

2〜3分	再度確認	S13：広島市の人口は広島県の人口の42%を占める。 S14：広島は山に囲まれています。昨年土砂災害がありました。 S15：日本の真ん中に位置しています。 S16：海に面しています。	ディクテーション、Tの例を再度確認 ①広島市の人口は広島県の人口の42%だ。 　→(学生に口頭で答えてもらう) ②広島は山が多いです。昨年土砂災害がありました。 　→ ③日本の真ん中にあります→ ④海があります→	ディクテーションの文とTの例(PPT)	
5分	応用練習	授業の初めに行った、住んでいる地域と自国の地形・気候について再度説明できるように原稿を作る	時間がくれば終了(自己紹介に使えるとアドバイス)		あえて中途で終了(家で何をするか困らないように。自律学習へ)

この授業で工夫した点・学習者の反応など

　実際のクラスでは、全体的に優秀な学習者が多かったのですが、レベル差がありました (N1受験者からN3不合格者まで)。分かっている学習者が退屈しないよう、また、学習ペースがゆっくりしている学習者が授業内で1つでも知らなかったことを知ったり、できないことができるようになればと思って考えました。

　当校で採用している教科書が『できる日本語』であり、この教科書はスパイラルで学習ができるようになっています。これを踏まえ、筆者も含めそのクラスを担当している講師の授業も、以前、自分が触れた語彙にもう少し語彙を追加したり、少し違う言い方を導入したりと、その授業担当者だけの独自のスパイラルやストーリーがあっていいように思っております。例えば、今回の「〜を占める」で「占い」など、少し脱線をしましたが、次回、「占い」の話やこの漢字が私が担当する授業で出てくれば、反対に「〜を占める」の復習をしたり、日本人の血液型の割合や性格にまつわる話まで膨らますことができると思います (もちろん時間があればですが)。つまり、ぶつ切りの授業ではなく、つながっているということを意識しています。教案には出てきませんが、「この間出てきたのを覚えていますか?」という質問をよくしているように思います。覚えなくてよいことを覚えていることも多いですが。

　さらに、授業ごとのつながりだけでなく、毎回授業開始から終わるまでが1つの流れとなるように意識しています。実際にできているかは別問題です……。仮に漢字の時間でも、少しでも関連付けるようにしています。その分余計に時間がかかるかもしれませんが、脱線や雑談からスピーチや作文のテーマを見つけたり、アルバイト先の日本人との会話のネタにする学習者もおりましたので、少なくとも担当したクラスでは合っていたのではないかと思っています。

横：授業ごとのつながりだけでなく、毎回授業開始から終わるまでが１つの流れになるように意識していることが、教案を読むと、よく分かりますね。

坂：確かに、細かな配慮が丁寧にされています。WU段階のディクテーションの中に、その日のテーマを「それとなく」入れておくのは高等テクニックですよね。

横：「え、これ、なんだ？」という気持ちになってくれるでしょうね。

坂：「今ある力で本日のテーマに挑戦」の部分ですが、学習者にどの程度の出来栄えを期待しているのでしょうか。

横：ある程度の「言語的挫折」が学習者に生じることが予想されます。学習者によっては、かなりの程度の挫折になってしまうかもしれません。その時にどう対処するのか、教案に書いておくと安心ですね。

坂：「導入」で、「数名に発表してもらう」の「数名」と「基準となるＳ」の選定は、どのように行うのでしょうかね。

横：多分、先生が既に心の中に持っているんだと思います。

坂：同じ所の「どのような発表でも、発表者をねぎらう」という配慮はとても大切ですね。「言ってみよう！」という気になります。

横：類似表現の「〜気味」と「〜がち」の区別を準備なさっていて、いいですね。「（成績が）上がり気味」「太りがち」など、守備範囲を少し拡大して説明してみるのもいいかもしれませんね。

坂：最後の「あえて中途で終了（家で何をするか困らないように、自律学習へ）」の部分、素晴らしいと思います。「やり方が分かっている」と、宿題がやりやすくなりますから。授業でやり方を体験させて、その続きは自宅で、と導けば、きっとやってくるはずです。

横：なかなか勇気がいることですが、「あえて中途で終了」、大賛成です。

10 総合教科書の教案例（45分）

作成者：どさんこ

使用教材とクラスのレベル……『テーマ別 中級から学ぶ日本語（改訂版）』5課（中級）
目　標………………5課の本文を読むための新出語彙を理解する。
学習項目………………5課「いっしょに考えましょう」「新しい言葉」「本文」
学習者国籍………………ベトナム6人、中国5人、イタリア3人、カナダ・スウェーデン・香港 各1人（計17人）

時間	項目	学習者の活動	教師の活動・板書	教材	留意点
17分	いっしょに考えましょう (p.23)	質問項目1〜5について考え、それを言う。	質問項目1〜5について1つずつ学習者に考えさせ、言わせる。	テーマ別 中級から学ぶ日本語（改訂版）	・国によって違いが出る内容なので、それぞれ学習者に発話を促す。
20分	新しい言葉 (p.23)	教師が言った言葉を復唱する。	5課で学習する新出語彙を紹介するが、初級レベルのものには時間をかけないで説明。学習者に「気が合う」〜「努力スル」までを1つずつ復唱させる。 気が合う：考え方や感じ方が合っていて、いい関係を作ったり、続けたりできそうな様子。 仲間：何か一緒にする人。 おしゃべりナ：初級語彙。「おしゃべり」は名詞。 もの：この課の「使いましょう」で学習。学習者には後日学習することを伝える。（時間の余裕があれば、例文1つくらいは紹介してもよい） ある〜：人、物、時間、場所などをはっきりそれだと言わないときに使用。後ろは名詞接続だが、普通固有名詞は使わない。		・動詞は何グループか確認。言葉の使い方は一般的なものを紹介。 ・「友達」との違いを説明。 ・「使いましょうA (p.25-26)」を参照。
		他にどんなものに「むく」を使うか考え、言う。教師が紹介した言葉以外にどんなものがあるか考え、言う。	皮：下の「むく」と一緒に説明。 むく：果物（バナナなど）の絵を板書し、皮をむく動作と一緒に説明。 包丁：料理するときに使う。 片手：「片〜」はペアになっているもののどちらか1つを示す言葉。「両〜」も一緒に紹介。 止まる：初級語彙。 すっかり：完全に〜という状態になってしまうこと。 　例）ここは昔田舎で静かだったが、今はとてもにぎやかだ。この町はすっかり変わってしまった。		・「ナイフ」は物を切るのが目的。 ・「片足、片目」など語彙を広げる。

			結局：「いろいろなことがあったが、最後は〜ということになった」というような場合に使う。 例）みんなでどこへ旅行に行くか話した。北海道、京都、沖縄などいろいろな意見が出たが、結局北海道へ行くことになった。 おかしい：初級語彙。 当たり前：みんなが〜だと思うようなこと。		
		当たり前の例を考え、いろいろ話す（文化や習慣で差があるので、会話が広がるかも）。	理由：初級語彙。 ただ：機能語「だけ」と使われることが多い。他に特別なことがない場合に使う。 例）先週の日曜日はどこも行かないで、ただ一日中うちにいただけでした。 ※接続は動詞、い形容詞、な形容詞の名詞修飾の形＋「だけ」 変ナ：初級語彙。		・「当然」は漢語表現。「当たり前」の例を1つ提示。 ・初級では「名詞＋だけ」の形で提出されることが多いが、この課では他の形で出てくる。文法の時間ではないので、深く説明しすぎない。
		教師が紹介した「□」の慣用句以外で何か知っているものがあったら、言う。	□にする：「食べる」の意味。この課では出ないが、「言う」の意味もある。 旅スル：実際に見たり聞いたりして、いろいろなことを知るために遠い所へ行く。 土地：初級語彙。 知り合い：名詞。初級語彙。（知り合うは動詞） 片言：自分が思ったとおりに話せないときに出る言葉。うまく話せない外国語や幼児が話す言葉に使用する。 一杯：初級語彙。 返ってくる：他人に働きかけ、それに対して相手がアクションを返す。		・「□」の慣用句は、1課の「□に出す」の語彙説明で紹介していることが多いので、余裕があれば簡単に確認。 ・「旅行」は主に観光が目的。 ・実際に教師が片言で外国語を話してみる。 ・この課では「たくさん」に近い意味で出る。
		教師が学習者の名前を呼び、それに返事をする。	つく：初級語彙。 囲む：人や物を中心にして、その周りに他の複数の人や物が並んだりすること。助詞はヲ格。 特別ナ・ニ：初級語彙。 努力スル：初級語彙		・絵をかいたり、実際に教室で再現してみる。
8分	本文「たべる」（p.24）	教科書p.24を開き、本文のCDを聞く。	教科書を開かせ、本文のCDを聞かせる。	本文CD	・学習者に大意をつかませるのが目的。
		教師に感想を言う。	簡単に学習者に感想を聞いてみる。		

この授業で工夫した点・学習者の反応など

　各課の最初に行う主に語彙を取り扱う45分1コマの授業計画です。

　最初は「いっしょに考えましょう」で、本文の話題に関連性がある質問について考えてみます。中級レベルでは学習者が発話する機会が少なくなることが多いので、できるだけ発話させるようにします。この課は料理や食事といった親しみやすい話題で、盛り上がると思います。

　次は「新しい言葉」ですが、学習者が事前に宿題として言葉の意味を調べているのが望ましく、授業で改めて意味や使い方などを確認することでより大きな学習効果が得られます。語彙の中に機能語が含まれていることがあり、それが「使いましょう」などにある場合、改めて詳しく学習します。「使いましょう」に出てこない機能語がある場合も、中級レベルのクラスだと、別に文法学習の時間を設けることが多いので、あまり長く時間をかけません。それから、授業準備の段階では学習者からの質問を想定し、類義語は調べておきます。よく耳にする言葉や初級語彙との違いは説明するようにし、使い方が難しい言葉は例文と一緒に紹介することがあります。

　最後の本文のCDを聞かせるところでは大意をつかませること、学習した語彙が実際にどのように使われているかを確認させることが目的です。本文精読は後日改めて行います。

　ある程度学習項目が決まっていて、学習者の反応が予想できる初級と違って、言葉の学習としての範囲が広い中級は、教案を作る機会が少ないかもしれません。また、今回のような類義語や類義表現などをどこまで教案に書くかによって、ものすごい量になってしまう可能性があることも中級レベルの教案をあまり目にする機会がない理由の1つです。それに、教え方もさまざまです。正直書ききれなかったこともありますが、1つの例として見ていただければ幸いです。

教案を読んで

横：「語彙の導入をどう行うべきか」の見本になるような授業ですね。

坂：一連の流れの中で新しい言葉の意味を理解させています。用意周到で、丁寧に意味の説明がなされている誠実な授業ですね。

横：はい。語彙導入の方法についての一貫したポリシーがありますね。

坂：そうですね。もう中級レベルなので、動詞が何グループかの確認はせずに、初級で習った主な活用形を一気に言わせてもいいかもしれません。「する、して、しない、しよう、できる、すれば、しなければ、させる、される、させられる」という感じで。

横：言葉の説明の後、何かその言葉を使った文を作らせても面白いでしょうね。一緒に用いられる助詞なども「キムさん<u>は</u>スミスさん<u>と</u>気が合います」というふうに、覚えてもらえると思います。

坂：冒頭部分、多国籍という学習環境が、うまく活用されていますね。

横：国、文化、習慣によって「当たり前」はかなり違うでしょうから、クラスがとても盛り上がるんじゃないかなと思います。

坂：そうでしょうね。繰り返しになりますが、語彙の説明が本当に丁寧です。例えば、「ただ」の説明も「だけ」と一緒に使うことが多いと説明し、初級では「Nだけ」ですが、「ただ一日中うちにいただけでした」のように動詞も来ることを示している点、素晴らしいです。

横：「口」を使った慣用句が他にもないか聞いているのも、とてもいいと思います。「口が悪い」「口が回る」「口を利く」「口を合わせる」など、日本にいる学習者だからいくつか知っているかもしれません。

坂：類義語は、初級後半から徐々に出てきて、中級では大変苦労するところです。データベースや類義語辞典などを活用して、使用している教科書に出てくる類義語をまとめておくと、この授業のように、語彙の授業の広がりと深まりを実現できると思います。

11 地域日本語教室の教案例(120分)

作成者：杜の都

- **使用教材とクラスのレベル** ……『日本語初級１大地 メインテキスト』18課（初級前半）
- **目　標** ………………………過去の経験が言える。
- **学習項目** ………………………Ｖたことがあります
- **学習者国籍** ………………………中国４人、ベトナム２人、台湾・タイ・フィリピン・メキシコ・ラトビア各１人（計11人）

Ｔ：教師　　　Ｌ：学習者　　　WB：ホワイトボード

時間	項目	教師の活動・板書	学習者の活動	教材	留意点
9:00	ウォームアップ	①「沖縄」以外の５ピースを、四国→九州→本州→北海道の順に提示してWBに上下逆さまにするなどしてランダムに貼る ②Ｔ：これは何ですか。 　Ｔ：これでいいですか。 　Ｔ：そうですね。（「沖縄」は定位置に貼って明示し、他の部分を指して）では、みんなで日本を作りましょう。 ③パズルが完成したら、日本地図を貼る ④パズルの赤丸を指しながら、主な都道府県名について聞く	１つずつ提示される形が何か、興味を持って見ている。次第に日本だと分かる Ｌ：（笑いながら）日本です。 Ｌ：だめです。違います。日本列島の形を思い出しながら、協力してパズルを完成させる 地図と見比べて正しい形を確認する Ｌ：北海道、東京…分かる地名を言う	日本地図を６分割（北海道・本州２分割・四国・九州・沖縄）にしたジグソーパズルを作成する東京などの主要都市に赤丸を入れておくパズルの裏にマグネットを付けておく 日本地図	教室に貼ってある日本地図は外しておく ヒントは言わない。全員が関われるように声をかけながら見守る（時間があれば東北地方のパズルも挑戦する） Ｌから地名を引き出すようにする
9:05	「行ったことがあります」の導入	①行ったことのある場所について聞く 北海道に行った感想も簡単に聞く 　Ｔ：L1さんは、どこへ行きましたか。 　Ｔ：そうですか。私も行きました。 ②L1の話をもとに板書して説明する ┌─────────────────┐ 　　　　　 2000　 2014　 2015 　　　　　　├───┼───┤ 　L1さん　　　　　　　　　○ 　　Ｔ　　　　○　　　○ └─────────────────┘ 　Ｔ：L1さんは、北海道へ行きました。（○を指して）1回あります。 　<u>L1さんは北海道へ行ったことがあります。</u>私も北海道へ行きました。（○を指して）2回あります。私も<u>北海道へ行ったことがあります。</u>L1さんと私は？	 L1：今年（2015年）の2月、北海道へ行きました。 L1：雪まつりを見ました。寒かったですが、きれいでした。 Ｔの提示したモデルを全員でリピートする Ｌ：北海道へ行ったことがあります。		 視覚的に理解できるように示す 今日の学習文型がキャッチできるように「行ったことがあります」の部分を、不自然にならない程度、際立てて言う

時間		教師の活動	学習者の活動	教材	留意点
		③文型を板書で示す ┌─────────────┐ ほっかいどうへ いきました 　　　　　　いった ことがあります └─────────────┘	板書で文型を確認する		Ｌが理解できているか様子をよく見る
	練習 活動	④Ｔ：L2さんは、北海道へ行ったことがありますか。	行ったことがない場合の答え方を考える L2：行ったことがありません。		「先月／2014年に／～へ行ったことがあります」と話すＬもいるので、その発言を捉えて、時を表す副詞と共には使えないことを教える
		⑤行ったことのある都道府県について、ペアで話をさせる ⑥全体で共有する。スマホなどに写真を持っている場合はＴＶに接続して視聴する	行ったことのある場所について、ペアで話す。それから全員で話し、感想を言う。お互いに質問し合う	写真・動画 テレビ	
9:30	た形の導入	①動詞の文字カード4枚を提示して、動詞の活用形の言い方を聞く ②Ｔ：これまで、いろいろな形を勉強しましたね。（板書の「いった」を指して） 　今日はこれを勉強します。なに形か分かりますか。 　Ｔ：そうです。これはた形です。た形を勉強すると、（各国語訳を提示して）「経験」を話すことができます。	Ｌ：ます形／辞書形／て形／ない形です。 終わりの形から推測する Ｌ：「た形」ですか。 た形を使うと、何が言えるようになるのかを理解する	動詞の 文字カード ┌─────┐ いきます └─────┘ ┌──┐ いく └──┘ ┌────┐ いって └────┘ ┌────┐ いかない └────┘ 「けいけん」の各国語訳を書いた紙	動詞の活用形を復習しながら、新しいた形の言葉を導入する ここは翻訳で分かりやすく伝える。『文型説明と翻訳』p.132.2も示して、日常的なことや当たり前のことについては言わないことを、例をあげて補足する
	た形の作り方の説明	③動詞の各グループを2～3つあげさせて、ＷＢに書く。その動詞をもとに、た形の活用例を紹介する。グループは負担の少ないⅢ→Ⅱ→Ⅰの順で導入する 【板書】 ┌────────────────┐ Ⅲ　くる→きた　　　する→した Ⅱ　たべる→たべた　みる→みた Ⅰ　かく→かいた　　のむ→のんだ └────────────────┘ ④Ｔ：た形は難しいですか。 　Ｔ：そうです。た形は、て形の「て」を「た」にするだけです。簡単ですね。	グループ別に動詞の例を言う 活用の説明を聞く 板書の例からルールを推測して、た形の作り方はて形と同様であることが分かる Ｌ：いいえ、難しくないです。て形とた形は同じですね。		た形のルールを推測しやすいように、色分けして書く 新しい活用形を学習する不安を和らげる
9:45	練習	①動詞文字カードを各Ｌに3枚ずつ配る。Ⅰ～Ⅲグループに分けてＷＢに貼らせる。できたら間違いがないか確認させる ②グループごとに、た形に変換させる動詞をシャッフルして練習する ③動詞絵カードを提示して練習する 　全体→個別に当てる	動詞カードを、グループ別に分けて貼る 全員で確認して、間違いがあったら直す グループごとに、た形に変えて言う 無作為に提示される動詞をた形に変えて言う 絵カードを見て、た形を言う	「辞書形」の文字カード33枚 文字カード20枚 絵カード20枚	既習動詞の復習も兼ねる Ⅰグループに留意する た形でよく使う動詞に絞り、テンポよく行う 各Ｌの反応をよく見る

時間	教材	教師の活動	学習者の活動	教材・教具	留意点
		④Tが辞書形を言い、た形に変えさせる ⑤活用シートを配付して、た形を書かせる	辞書形を聞いて、た形を言う 活用シートにた形を書く	た形の活用表シート	表記もきちんとできているか確認する
10:05 〜 10:15	テキスト p.119 練習2-1 導入 練習 活動	①練習2-1の6枚の絵を1枚ずつWBに貼り、何をしている場面か聞く。歌舞伎(新出語彙)は、写真や映像を見せる ②絵を見て「〜たことがあります」の文を作らせる ③インタビューシートを配り、聞き方の練習をさせる。Lにも1つ質問を考えさせる。L同士でインタビューさせる ④全体で話し合う。感想を聞く	絵を見て分かることを話す L：この人は、今着物を着ています。 歌舞伎について理解を深める 絵を見て、文型を使って表現する インタビューシートの聞き方を練習する 自分の質問を考える インタビューをして、経験の有無を聞く L：生け花をしたことがありますか。 自分の体験談や感想を話す	教科書の絵を教室用に拡大コピーしたもの 歌舞伎の写真・ビデオ 練習2-1をインタビューシートにしたもの (着物・生け花・ホームステイ・海・温泉・歌舞伎、Lが考えた質問)	すぐに練習に入らず、どんな場面か、絵の内容についてみんなで話す 体験談は、「いつ」「どこで」「どうだったか」など、具体的に話したり聞いたりさせる
休憩					
10:35 〜 10:55 11:00	活動	①県内の名産品について写真などを見せながら、食べたことがあるか尋ねる ②3、4人グループを作り、県内の有名なもの(場所・イベント・人)などについて知っていることを話し合わせる ③グループごとに発表させ、Tが板書する。Lに進行役を任せ「〜たことがありますか」「どうでしたか」と全体で共有する ④写真や映像、パンフレットを見せて、情報を提供する	名産品について知っているものを言う。食べた感想などを話す 有名なものについて知っていることを話し、紙に書き出す グループでまとめたものを発表する 進行役は、他のLに体験談を聞く 体験したことをみんなに話す お互いに知りたいことについて質問をする 新しい知識や情報を得る	名産品の写真・実物 A4の紙 温泉・水族館・動物園・祭り・その他のイベント・スポーツ・有名人などの写真や映像、パンフレット	Lが生活の中で見聞きしている情報を、積極的に発信させながら、楽しく情報交換ができるようにする 進行役のLはテーマによって交替する Lに役立つ情報を分かりやすく伝えられるよう工夫する

この授業で工夫した点・学習者の反応など

　授業の最初に文字の学習や復習などを行っていますが、この教案ではその部分を省略して、主に新しい文型の導入と練習に焦点を当てて書きました。授業で心掛けていることの一つは、学習者同士が協力して仲良く学び合おうとする雰囲気を作ることです。最初に使った地図のジグソーパズルは、6分割したものを組み立てるだけですが、いざ地図を前にすると、迷う学習者が続出です。ホワイト

ボードの前にみんなが集まって、ああでもない、こうでもないと言いながら地図を組み立てている様子は、見ている方まで楽しくなります。

　今回は過去の経験が言えるようになるために、た形の導入から行いましたが、文字を手掛かりにした変換練習から始め、絵を見て、耳で聞いてと、やり方を変えながら少しずつ難易度を上げていきました。練習方法の工夫と併せて留意したことは、教師の見せる表情やしぐさです。例えば、動詞カードをシャッフルするときも、淡々と行うのではなく、まずはカードを抱えて一時停止、今から何が始まるのかと思わせた後、それらをトランプのように切っていきました。長いカードを必死な様子（演技）で切っている教師を皆くすくすと笑いながら、「はは〜ん、次は全部使って練習するんだな」と心の準備。切り終わったところで、「さあ、みんな行くよ！」といった表情を見せると、学習者も「よし、やるぞ！」といった雰囲気で応え、そこからは一気に練習態勢に突入し最後まで集中して取り組むことができました。初級のクラスでは特にこうした教師の一つ一つの所作や表情が、学習者のやる気に大きな影響を与えているように思います。教室が楽しい、学ぶことが楽しい、そしてこの人に出会えてよかったと思われるような支援をしていくためにも、毎回の授業の準備と実践後の振り返りを丁寧に行いながら、授業力を高めていきたいと願っています。

教案を読んで

坂：日本地図を完成させる作業が、実は日本の地名の確認になっていて、「○○に行ったことがあります」の導入へと自然につながっています。しかも、その作業によって「ああでもない、こうでもない」状態が出来上がっていき、「学習者同士が協力して、仲良く学び合おうとする雰囲気」が出来上がっています。奥が深いですね。

横：ええ。クラス全員で取り組んでいる姿が目に浮かびます。「教室に貼ってある日本地図は外しておく」というのも周到な用意ですよね。

坂：はい。「行ったことがある」学習者に、話す機会がたくさん与えられています。「伝えたい」気持ちが出てくるときに、その機会が与えられているわけですから、一生懸命伝えようとするでしょうね。

横：同感です。最近の学習者はほとんどがスマホを持っているので、授業に大いに活用しているところがいいですね。TVやプロジェクターにすぐ出して、教材にするところも素晴らしいですね。

坂：「た形の作り方が、て形とおなじである」ことを教師が先に伝えないで、学習者に発見させ、「そうそう、だから難しくないよね」と伝えています。こういった「発見させる」工夫、見習いたいです。

横：最後の「活動」の「お互いが知りたいことについて質問する」という活動はクラスの外の生活でも十分応用できる活動です。こんなことをやっておくと、クラス外でも自信を持って聞けるでしょうね。

坂：「教室が楽しい」「学ぶことが楽しい」という学習者の満足感へのこだわりと、「この人に出会えてよかったと思われるような支援をしていく」という強い決意が、教案から伝わってきます。

横：教師の見せる表情やしぐさも教室を楽しくする大きな要素です。あまり意識していない先生は、鏡などを見て、自分がどういう表情やしぐさをしているか、ときどき自己確認することも必要ですよね。

12 地域日本語教室の教案例(120分)

作成者：クロワッサン

- **使用教材とクラスのレベル** ……『みんなの日本語 初級Ⅱ 第2版 本冊』27課 (初級後半)
- **目標** …………………………できること、できないことが可能動詞を使って表現できる。
- **学習項目** …………………〜が可能動詞
- **学習者国籍** …………………フィリピン2人、アメリカ・メキシコ各1人 (計4人)

図形内は学習者の実際の反応　　「　　」は教師の発言

☆は関連事項
＊は発展事項

時間	項目	学習者の活動	教師の活動・板書	教材	留意点
およその時間配分 25分	ウォーミングアップ 「これはなんでしょう」	知らない言葉があっても、大意をつかむことができるようになる いちご	「あるものの特徴について書かれた文を読みます。それは何かを考えながら聞いてください。」 ▶カードの説明文を読む ▶カードの写真面いちごを見せる ▶3語を空白にした説明文を渡す	いちごの説明文 これは、ビタミンCが豊富で、加工されてジャムやジュースにもなります。5、6月に花が咲き、花が散って一ヶ月ほどで赤い実がなります。日本では、明治以降にこの栽培が始まりました。 (下線部空白) (参考：ミニ図鑑 カードタイプ 果物1) (株)パルス	・普通の速度で読む。注意「5、6月」 ・渡したら、読む時間を与える
		知らない言葉でも、聞いた音をひらがなで書く 新しい言葉を覚える 漢字を書き写す	「もう一度読みます。空白に入る言葉をひらがなで書いてください。」 ▶正しく聞き取れているかチェック ▶ひらがなで板書 ▶漢字で板書	＊豊富：栄養＿＿＿、 　　　　知識＿＿＿、 　　　　経験＿＿＿ 加工：＿＿＿食品、 　　　金属＿＿＿ 　　　＿＿＿技術 栽培：水＿＿＿、 　　　＿＿＿方法	・文章の中の句読点にも注目させるため、句読点で息継ぎする ・いっかげつ・めいじ・いこう　に注意
		すでに知っている簡単な単語でも、正しくひらがなで書けているか確認する 聞いた人が分かるように読む	「もう一度ゆっくり読みます。漢字で書かれたところに振り仮名を付けてください。」 「では、一文ずつ読みますので後について読んでください。」		・ホワイトボードの全てを消す
25分	「辞書形ことができます」の確認		「おはようございます。今日も大雪ですね」 「Bonjour, Il neige beaucoup aujourd'hui.」		
		ワーォ、フランス語ですか。			

82

時間	項目	学習活動	指導内容・板書	参考	留意点
			▶ホワイトボードの上方に板書する 「私はフランス語を話すことができます。」 名詞 を 辞書形こと が できます		
				初級Ⅰの18課参照	
		学習者A：消しゴムを持ち上げて「箸で…？」 学習者D：「つまむ、ね」	「みなさんは、何をすることができますか。 この形を使って文を作ってください。」		・する動詞以外で
		学習者A：私ははしで豆をつまむことができます 学習者B：私はかわらをわることができます 学習者C：私はフラダンスをおどることができます 学習者D：私はカクテルをつくることができます	「できた人は、ホワイトボードに書いてください。」 ▶横並びに書かせる ▶それぞれのできることを話題にする 会話が続くように促す 自由に経験を語ってもらう		・書く位置を決める 〇を付ける ・文がよくできていることを評価
20分	「〜が可能動詞」の導入	動詞の「Ⅰ・Ⅱ・Ⅲ」グループごとの可能動詞を作る	▶板書する **私はフランス語を話すことができます** **私は フランス語 が 話せます**	テキスト27課 練習A-1,2	
		可能動詞はⅡグループになることを理解する	▶活用を確認させる　板書 ▶Ⅱグループになる 話せます　　　話せる 話せません　　話せない 話せました　　話せた 話せませんでした　話せなかった		☆可能動詞はⅡグループの変化 否定・過去・否定過去 普通形 ＊空を飛ぶことが 〜×が（をの用法違う） ・を→がになっているか ・可能動詞の発音に注意
		〜ことができます と 可能動詞が使える 各自が作った文を書き、読む	「みなさんが作った文章を可能動詞にしてください。」 「できた人から、自分が書いた文の下に書いてください。」		

30分	「…は〜ますが、…は〜ません」の導入	できる程度を表す表現を使う	▶質問する 「私はフランス語が話せますが、Aさんは話せますか。」	しか〜ません 練習A-5	・自然な会話にする程度の表現を引き出す ☆しか〜ません ほとんど〜ません ぜんぜん〜ません あまり〜ません だけ〜ますetc
		A:「ぜんぜん話せません。」	「Bさんはどうですか。」		
		B:「スペイン語が話せますが、フランス語が話せません。」	「Cさんは。」		
		C:「メルシーだけ話せます。」	「Dさんは。」		
		D:「英語が話せますが、フランス語が話せません。」			
			▶一人の発言を引用し板書 **スペイン語 (が) 話せますが、フランス語 (が) 話せません** ▶がを消してはにする	〜は、〜は 練習A-6	*食べ(ら)れます ら抜き言葉について *方言の特徴 行けない<行かれない ・ が を消すことで注目させる
		自分から会話を始めて、他の人のできることを尋ねる	▶各自が作った文で他の人に質問する ▶分かる→分かられる(×)ということを説明		
	宿題説明		▶宿題提示　練習Bから選ぶ		・質問に答える

この授業で工夫した点・学習者の反応など

　地域の日本語教室での1コマ分（2時間）です。

　1人は来日前に初級文法を学習していますが、他の3人は日本語学校や教室などで系統的に学習した経験は少なく、使える表現が固定してしまっています。耳から覚えた会話表現で、生活圏内のことであれば何とかなるけれど、読み書きではお手上げという状態です。

　紙面の都合上1枚にまとめて書きましたが、普段は、ノートの左ページに教案を書き、授業後右ページに学習者の反応や教案通りにいかなかった内容を改めて書きます。右ページが次回の参考となります。絵カードを示すタイミングや資料配布の順番は、遠目で見ても分かるように目立つマーク（例:▶）を付けます。関連事項や発展事項は、頭にたたき込むためにも目立たせるように配置します。教師の発言は"セリフ"として作ります。私にとって、使わない言葉を頭から消去する大事な作業です。

　このときの授業では、いちごについて書かれた説明文から「加工」を取り上げました。学習者Bが言いました。「本屋の前の小さい家で写真を撮りました。きれいになるために200円払います。これは加工ですか。パスポート写真の加工は犯罪です」。語彙が増えたと感じる瞬間でした。

可能動詞導入後、学習者Cが質問しました。「郵便局で荷物を送るとき、明日届きますか、と言っていました。届けますか、ですか」。今まで使っていた表現を分析する力がついてきたと感じます。

　「～は～は」導入後、学習者Aが「日本人の先輩ははしで豆がつまめませんが、私はつまめます」と言いました。私の方がすごい、という気持ちが伝わってきます、とコメントしました。

　授業後、学習者の発言や作った文を書き込むと、右ページがいっぱいになります。学習者の生活や心の動きが、言葉として残ります。

. . . .

教案を読んで

横：学習者の現状把握に基づいて、教案が立てられていますね。

坂：はい。最初の25分の「これはなんでしょう」活動ですが、かなり長くて説明文も難しいのですが、「耳から覚えた会話表現で生活圏内のことであれば何とかなる」学習者ですので、大丈夫なんですね。

横：「留意点」の「ホワイトボードの全てを消す」や「書く位置を決める」配慮までが教案に書いてある点、いいと思います。

坂：そうですね。教師が実際にフランス語を話してみせて、目標文型を導入しているのも、分かりやすいですね。そのとき、教室にいる学習者の母語を使ったら、みんなもっと喜ぶかもしれません。

横：「何をすることができるのか。自由に書いてください」と言われて、学習者はうれしかったのでしょうね。各作品から、一人一人の自慢げな気持ちが伝わってきます。そういう気持ちを日本語で表現できるという機会、とっても貴重だと思います。そしてその後に「自由に経験を話す」時間が設けられています。これも魅力的です。

坂：一人一人の笑顔が目に浮かびますね。「Vことができる」と「V（可能形）」の違いも、聞かれたときのことを考えて答えを用意しておくといいかもしれませんね。類似表現が気になる学習者もいますので。

横：「工夫した点」の「教師の発言は"セリフ"として作ります。私にとって、使わない言葉を頭から消去する大事な作業です」という文言、いいですね。高いプロ意識を感じます。

坂：はい。教え始めた頃、授業で説明することはすべて教案に書けと、よく先輩教師に言われたことを思い出しました。

横：「授業後に、学習者の発言や作った文を書き込む」作業、これは見習いたいです。「授業の運営上でどうだったか」だけでなく、学習者の学びそのものに注目することは、とても大切ですから。

13 聴解授業の教案例(50分)

作成者：ずきん

使用教材とクラスのレベル ……『楽しく聞こうⅡ』19課 1（初級前半）

目　標 ………………着脱動詞が理解できる。身につけているものの説明を聞きとって、どの人物の話をしているか理解できる。

学習項目 ……………着脱動詞（着る、はく、かぶる、する）＋ている、名詞修飾（〜ているN）

学習者国籍 …………韓国3人、オーストラリア・中国・トルコ・ベトナム・ロシア各2人、ネパール・ノルウェー各1人（計15人）

T：教師　L：学習者　L1：学習者その1　V：動詞　N：名詞　WB：ホワイトボード

時間	項目	教師の活動・板書	学習者の活動	教材	留意点
	復習1（着脱Vマス形）	T：皆さん、きのうは新しいことばを勉強しましたね。何を勉強しましたか。	L：着ます、脱ぎます、はきます、指輪をします、とります、かぶります…		昨日欠席したL2さんができているか確認。
〜10分	復習2（着脱Vテ形）（TPR1） （TPR2）	T：そうですね。テ形は？ T：はい、では少し練習しましょう。服を着てください。靴をはいてください。脱いでください。…… T：では、ペアになってください。1人が先生、1人が学生です。先生は「〜を着てください、脱いでください」と言ってください。学生は、聞いて、動いてください。どうぞ。	L：着て、脱いで、はいて、指輪をして、とって、かぶって… （服を着る動作をする） （靴をはく動作をする） （靴を脱ぐ動作をする） …… （ペアになり、1人が指示を出し、1人が指示を聞いて動く練習） L1：L2さん、メガネをかけてください。 L2：（メガネをかける動作をする）		Lがテ形を間違えていたら『着ます』は何グループですか」とグループを確認する。 L1さん、変形ができているか確認。 全員が指示通り動けているか確認。
5分	復習3「（着脱動詞）ている人」	T：（学生を見回して）すみません、黒いシャツを着ている人は誰ですか。 T：そうですか、ありがとうございます。L2さん、（教師の身につけているものを指して）皆さんに聞いてください。 T：はい、私です。 ［板書］ Q：黒いシャツを着ている人はだれですか。 A：チャンさんです。 T：言ってみましょう。	L：ああ、チャンさんです。 L2：すみません、白いシャツを着て、青いスカートをはいている人は誰ですか。 L：先生です！ 板書の文をリピートする。	 WB	

10分	【問題Ⅰ】 プリント配布 例	(教材を配る) T：ではⅠ番、L3さん読んでください。 T：では、例を聞きましょう。 例を流す。 T：例の答えは？ 　そうですね。（bの絵を指して）bですね。 　何と言っていましたか。	L3：（問題文を読む） 例を聞く。 　L：b！ L4：ワンピースを着ています。	『楽しく聞こうⅡ』 p.8-9 CD CDプレイヤー	
	問題説明	T：いいですね。では、1から12まで聞きましょう。聞いて、a,b,c,d,e,fのどれですか、書いてください。			「ワンピース」が分からない学習者がいたら、板書して説明。
	絵（新出語）の確認	絵を見て、質問がありますか。 T：fは「スーツ」です（板書する）。 ［板書］スーツ 　　では、はじめます（問題を流す）。	L5：fは何を着ていますか。 問題を聞く。	WB	新出語　要チェック 「スーツ」 「ブラウス」 「半ズボン」
	答え合わせ（ペア） 答え合わせ（全体）	T：では、ペアになって答えをチェックしてください。 T：はい、では1番、L6さんどうですか。皆さん、いいですか。そうですね。何と言っていましたか。…そうですね。 では、2番。 （同様に12番まで答え合わせ）	ペアで答え合わせ。 L6：cです。 L2：ブラウスを着ています。		Tはクラスを回ってLができている（間違っている）問題を確認する。 できるLは文まで、できないLは記号が答えられればOK。 できが悪かった問題はもう一度聞きなおす。
20分	【問題Ⅱ】 問題説明	T：では次のページを見てください。Ⅱ番、L7さん読んでください。 T：左下に誰がいますか。 　そうですね。山田さんとリンさんが話しています。たくさん人がいますね。どんな名前の人がいますか。右下の□の中を見てください。 T：そうですね。たろうさん、京子さんはどの人ですか、聞いてください。 　では、例を聞きましょう。	L7：（問題文を読む） L：山田さんとリンさんがいます。 L：たろうさん。チンさん。（枠内の名前を読みあげる）……		
	例 絵（新出語）の確認 問題開始	例を流す。やりかたは問題Ⅰと同じ。 T：絵を見て、質問がありますか。 　では、はじめます（問題を流す）。	例を聞く。 問題を聞く。		Tはクラスを見回り、Lができていないようなら全体答え合わせの前に少しずつ区切ってもう一度聞く。
	答え合わせ（ペア） 答え合わせ（全体）	T：では、ペアになって答えをチェックしてください。 T：はい、ではL1さん、eの吉田さんは？ 　「〜ている人です」で答えてください。	ペアで答え合わせ。 L1：吉田さんは、帽子をかぶって大きい指輪をしている人です。		

	内容確認 （再聴）	Ｔ：皆さん、いいですか。そうですね。 　　では、L2さん、ワンさんは？ 　［吉田、ワン、佐藤］まで答えたら Ｔ：では、ここまでもう一度聞いてみま 　　しょうか。（聞く）何か質問はありま 　　すか。 同様に、 ［伊藤、チン、田中一郎］ ［けい子、たろう、京子］で区切って答 え合わせをし、その部分をもう一度聞く。			CDの内容通りでな くても人物があって いればOK。時間に 余裕があれば、他の 答え方を考えて発表 してもらう。
5分	練習 ペアワーク まとめ （合唱）	Ｔ：では、問題Ⅱの絵を見て「〜ている 　　人は誰ですか」と隣の人に聞いてみ 　　ましょう。 （板書のQA文を指して） 　　では、皆さんで言ってみましょう。	L1：大きい指輪をして 　　いる人は誰です 　　か。 L2：えーと…、吉田さ 　　んです。 Ｌ：黒いシャツを着て 　　いる人は誰です 　　か。 Ｌ：チンさんです。	WB	ペアでQA練習がで きているか見回る。
		時間が余ったら→ディクテーション「スーツを着ている人は誰ですか。アンさんです」 時間が足りなかったら→問題Ⅱの再聴をやめる。最後の練習をやめて、板書の例文を合唱して 終わる。			

この授業で工夫した点・学習者の反応など

　着脱動詞は動作と一緒に覚えると覚えやすいので、復習にTPR（Total Physical Response）という教授法を使いました。TPRでは、聞き手は何も話さずに話し手の指示にしたがって動きます。学習者は最初、恥ずかしそうに動いていたので、私（教師）が少し大げさにズボンをはく動作をして見せたところ、みんな笑顔で動きはじめました。ペアワークでは、教師役の学習者の楽しそうに指示を出す声と、それに反応する学習者の姿が印象的でした。

　たくさん復習をしてからCDを流したので、問題Ⅰはスムーズに進みました。問題Ⅱは少し長いので、学習者のレベルによる差を感じました。できる学習者から聞き取れた語（「似合う」「しっかりしてよ」）について質問が来ましたが、設問と関係ない部分は全く準備をしていなかったので、うまく説明できなかったのが反省点です。また、問題Ⅱに「ジーパン」という語が出てきますが、前の授業では「ジーンズ」と習ったと言われました。どんな語を学習したか、引き継ぎで確認しておけばよかったと思いました。

　答え合わせは全体で行う前にペアで確認する時間を取りました。これは、集中して聞いた疲れをほぐすため、また聴解が苦手な学習者がみんなの前で答えるプレッシャーを軽減するためです。ペアで話し合っても分からなかったことを、全体の答え合わせのときに積極的に質問する姿が見られました。

ディクテーションでは、覚えておいてほしい一文を教師が読み上げ、学習者がノートに書きます。できたら学習者の1人にWBに文を書いてもらい、答え合わせをします。聞き取れていると思っても「スーツ」が「スツ」「スーシ」、「着て」が「きって」などと表記が間違っていることが多いので、あえて間違えやすい語を組み込んだ文にするようにしました。

教案を読んで

坂：着脱動詞を教える際にTPRを有効活用してますね！

横：はい。授業の初めの部分で行っているので、一気に学習モードが高まるでしょうね。ところでLがテ形を間違えたら「何グループですか」と確認していますが、学習者にとって難しくないでしょうか。

坂：Iグループの場合は細かく文法規則が分かれているので、そうかもしれませんね。「あれ!? 間違っちゃった」と、ちょっとパニックになってしまったりすると、余計に難しくなるかもしれませんね。

横：そのときは、何グループに属するのか情報を与えて、テ形を再度作ってもらえば、学習者にとってはやさしくなるでしょうね。

坂：そうですね。あと、復習3で、L2さんが、「白いシャツを着て、青いスカートをはいている人は誰ですか」と言うことになっていますが、これだけ長い文を正確にこの段階で言うのも、ちょっと難しそうです。授業の最後の方でしたら、可能かもしれませんが。

横：私だったら、「白いシャツを着て、青いズボンをはいている人は誰ですか」と発話して、学習者に「先生です！」と言ってもらい、「あ、私でしたか」と笑いを取りますけど……。

坂：先生のキャラ次第でしょうね、それは。そうそう、聞き取りの答え合わせですが、全体で行う前にペアで確認する時間を取っているところが素晴らしいですね。ペアで話し合っていると疑問点が結構出てきます。2人で共有した疑問点なので、「ペアの疑問」として、結構質問しやすくなりますよね。

横：加えて、最後のディクテーションによる確認、とても大切ですよね。「聞き取れているようだけど、うまく書けない」という状態は、学習者にとっての新たなチャレンジとなります。読みの授業の最後に黙読をやるのと、同じような効果が期待できそうです。

14 聴解授業の教案例(50 ～ 60分)

作成者：くまにゃん

使用教材とクラスのレベル……『ストーリーと活動で自然に学ぶ日本語　いつかどこかで』7課「会話」(初中級クラス)

目　標………………………改まった言い方と親しい言い方、および事務的な言い方と感情のこもった言い方による会話の内容を理解する。

学習項目…………………7課の新出語彙と文法、および話し言葉と会話における表現 (この直前に新出語彙は導入済み)。

学習者国籍………………台湾6人、韓国・タイ各2人、中国・香港・スリランカ・パキスタン・スイス各1人 (計15人)

T：教師　S：学習者　TQ：教師からの質問　SA：学習者の答え

時間	項目	教師の活動・板書	学習者の活動	教材	留意点
2分		CDをかける。	CDを聞く (1回目)。	CDプレーヤー	メモは取らずに聞くことに集中させる。
1分	7課の新出語彙・表現・文法 (郵便局、はがき、大学時代、敬語、暑中見舞い、謙譲語、尊敬語、先輩、注意、専門、～けど、あと)	質問①を読む。 TQ1. 田中さんは郵便局で花の絵のはがきを50枚買いました。(×) TQ2. はがきは全部で1500円でした。(×) TQ3. 田中さんは大学時代の先生に電話をかけました。(×) TQ4. 田中さんは電話で敬語の使い方について聞きました。(○) TQ5. 田中さんは大学時代の先生に暑中見舞いを書いています。(○) TQ6. 謙譲語は自分のことに使います。(○) TQ7. 田中さんは大学で尊敬語と謙譲語の使い方について勉強しました。(×) TQ8. 田中さんは時々、先輩から敬語の使い方を注意されます。(○)	質問①に答える (ノートに○×を記入。1回目)。		CDより少しだけ遅く読む。 Sの指名はランダムに行い、いい意味で緊張感を持たせる。
30秒		答えを見て回り、間違いの多い質問と正答率を大まかに把握する。			全問正解者が少ない場合は再度会話を聞く。
2分		CDをかける。	CDを聞く (2回目)。	CDプレーヤー	
1分半		質問①を読む。	質問①に答える (1回目に記入した○×を確認する)。		
1分半		質問①を読み、答えを聞いていく。	口答で答える。		×については、その理由も聞く。

5～ 8分	質問②（疑問詞×1）を読む。 TQ1：田中さんは郵便局で何を買いましたか。 TQ2：暑中見舞い用のはがきを何枚買いましたか。 TQ3：全部でいくらでしたか。 TQ4：田中さんはだれに電話をかけましたか。 TQ5：何について聞きましたか。 TQ6：田中さんは今だれに暑中見舞いを書いていますか。 TQ7：田中さんが大学で教えてもらわなかったのは何ですか。 TQ8：田中さんは時々、先輩から何を注意されますか。	質問②に口頭で答える。 SA：暑中見舞い用のはがきを買いました。 SA：50枚買いました。 SA：全部で2500円でした。 SA：お母さんに電話をかけました。 SA：敬語の使い方について聞きました。 SA：大学時代の先生に書いています。 SA：尊敬語と謙譲語の使い方です。 SA：敬語の使い方を注意されます。	問われていることにピンポイントで答えることを意識させるために、ＴＱ７のような名詞文も混ぜる。
	＜学習者の答えによって質問を変え、答えを引き出す＞ TQ9：田中さんは郵便局で何を買いましたか。 TQ10：どんなはがきを買いましたか。 TQ11：そのはがきには何の絵がかいてありますか。 TQ12：では、もう一度質問します。田中さんは郵便局で何を買いましたか。	 SA：はがきを買いました。 SA：暑中見舞い用のはがきを買いました。 SA：海の絵がかいてあります。 SA：海の絵がかいてある暑中見舞い用のはがきを買いました。	誤答の場合の訂正フィードバックは暗示的に。
	＜質問をテンポよく繰り出し、クラス全体を巻き込むようなやりとりにする＞ TQ13：田中さんは郵便局で何を買いましたか。 TQ14：え、海の絵ですか。 TQ15：（S2に）花の絵ではありませんか。 TQ16：そうですか。あ、さっき聞いたばかりなのに、忘れてしまいました。S3さん、S1さんはさっき何と答えましたか。	 S1A：海の絵のはがきを買いました。 S1A：はい。 S2A：花の絵ではありません。 S3A：海の絵のはがきを買ったと答えました。	テンポを意識しすぎて、早口にならないように。 このような不意打ちをすることで他の学習者の発言にも集中させる。

| 5分 | | 質問③（疑問詞×2）を読む。
TQ1：田中さんはどこで何を買いましたか。

TQ2：それは1枚いくらで何枚買いましたか。
TQ3：田中さんはだれに電話をかけて、何について教えてもらいましたか。
TQ4：田中さんは時々、だれから何を注意されますか。

この後、時間があれば、質問②の後に行ったような活動を入れる。 | 質問③に口頭で答える。
SA：郵便局で海の絵がかいてある暑中見舞い用のはがきを買いました。
SA：1枚50円で50枚買いました。

SA：お母さんに電話をかけて、敬語の使い方について教えてもらいました。
SA：会社の先輩から敬語の使い方を注意されます。 | | 翌日のまとめを意識する。 |
| 30分〜40分 | 縮約形や話し言葉 | 新出語彙・表現を含む箇所が空欄になっているディクテーションシートを配布し、空欄にどのような言葉が入るかその前後を読み、推測するよう指示する。その後、CDをかけ、1文ずつ止め、Sが書くのを待つ（2回）。書き終わったら、表記（特に特殊柏・カタカナ・漢字）、助詞、時制などに間違いがないか、もう一度よく見直すよう指示する。
そして、解答・解説を行い、最後にもう一度何も見ずに、CDを聞かせる。 | デクテーション
ディクテーションシートを読み、空欄に入る言葉を推測する。
ディクテーションをする。

書いたものを見直す。
解答・解説後、何も見ずに聞き、理解がどのぐらい深まったかを実感する。 | CDプレーヤー | S同士で相談してもよいが、ただ相手の答えを写すだけにはならないように。 |

この授業で工夫した点・学習者の反応など

　今回は学習者への質問を3つの段階に分けて行い、クラス全体でCDの会話の流れが把握できるようにしました。特に質問①を作成する際に注意したのは、会話の表現をそのまま使うのではなく、他の表現に変えることです。例えば、4番の質問では、会話で「久しぶり」と「お元気ですか」を敬語でどう言うか聞いているのを、「敬語の使い方」としてまとめた形で出題し、7番の質問では、会話で「そんなこと」と言われている内容について問いました。1回目を聞いたところで間違いが多かったのは、4番の質問でしたが、学習者にとって、このように内容をまとめた文を瞬時に理解するのはまだ難しいようでした。このクラスでは、翌日に会話の内容をまとめる時間を設けていることから、学習者には教師の質問を活用することで、日本語でまとめるコツをつかんでほしいと思いますが、その点から言うと、「田中さんはお母さんにがんばるように言われました」のような質問も入れておけばよかったと思います。

　私がいつも意識しているのは、CDを聞くことだけが聴解ではないということです。教師からの質問、それに対する他の学習者の答えなど、耳に入ってくる言葉に集中することで、聴解力を高めてほしいと考えています。また、他者の発言に対して集中するということは、学習者間の関係を良好にし、よりよい教室環境づくりにもつながると思います。授業でも、間違って答えた学習者に対して、教師

より早く周りの学習者が訂正のフィードバックを行っていたり、学習者同士の友好的なインタラクションが生まれていたりしました。その他、学習者の反応で印象的だったのは、最後の母子のやりとりのところで、笑いが起きていたことです。おそらく多くの学習者がこのような親子のやりとりを経験しているからだと思いますが、親子でも敬語を使うという韓国の学習者に、このような言葉遣いや、やりとりについてもっと聞いてみてもよかったと思います。

教案を読んで

横：「Sの指名はランダムに行い、いい意味で緊張感を持たせる」という細かな配慮、いいですね。

坂：はい。この最初のリスニングの部分ですが、かなり長い会話文ですよね。メモを取らずに要点を記憶するのは負担が大きいんじゃないかなと思ったのですが、実際の授業ではどうだったんでしょうね。

横：少しやさしくするためには、CDを2回聞かせて、2度目は自分の回答を再確認し、その後で、正解を出す。で、最後にもう一度CDを聞かせる、というやり方もあるかと思います。

坂：質問②③は、○×式で理解を確認した後で、口頭で答えてもらう練習ですね。理解から産出という流れが素晴らしいと思います。○×の答え合わせをして、それで終わりという授業が多い中、産出までつなげている点、見習いたいと思います。

横：「このような不意打ちをすることで他の学習者の発言にも集中させる」という多少意地悪な作戦、大好きです。集中力が増しそうです。

坂：はい。質問③で「海の絵がかいてある暑中見舞い用のはがきを買いました」が、学習者の口からいきなり出てくることは、あまりないと思います。どうやって長い文に導いていくのか、知りたいですね。

横：教師が答えを言ってリピートさせるという形かもしれません。あっ、そうそう、「あ、さっき聞いたばかりなのに、忘れてしまいました」作戦、意地悪で面白くていいですね。

坂：意地悪作戦、いいですね。質問を3段階に分けて、とても細やかに一つ一つ押さえていて、素晴らしいです。

横：聴く対象が、CDだけでなく、教師からの質問や学習者の発話まで広がっています。学習者間のインターアクションの増加によって、友好的なクラスの雰囲気が出来上がっていますよね。

15 読解授業の教案例(50分)

作成者：ルンルン

使用教材とクラスのレベル ……『できる日本語準拠 たのしい読みもの55 初級＆初中級』(p.28〜29)たくさん遊びたい!!（初級 CEFR A2程度）

目標 ……………………複合施設の案内リーフレットを読み、その日の行動について同行者と話し合うことができる。

学習項目 …………………「どこ行く？ 何する？」

学習者国籍 …………………ネパール・ベトナム各5人、中国2人、ドイツ・タイ各1人（計14人）

PC：ピクチャーカード　　T：教師

時間	項目	学習者の活動	教師の活動・板書	教材	留意点
1分	学習項目の提示		T：「みなさん、今日はわくわくランドへ行きましょう」 「わくわくランド」と板書		この時点で「わくわく」の意味が理解できなくてもいい。
7分	スキーマの活性化	提示された写真について、自分が知っていること、自分が経験したことなどを話す。	各施設の写真を提示し、黒板に貼る。 T：「わくわくランドには いろいろなものがあります」 ・ここで、何ができますか。 ・行ったことがありますか。 ・乗ったことがありますか。 →QA形式で学習者の発話を引き出す。	7点のカラー写真 ・遊園地 ・展望台 ・温泉 ・レストラン ・サイクリングコース ・フラワーガーデン ・お土産ショップ	「わくわく」の下地をつくる。
5分	タスク① ★情報を取るための読み	写真のイメージと説明文の中の言葉をリンクさせながら、必要な情報を得るための読みの作業を行う。	読解プリントを配布 [読む目的]を学習者に伝え、4分で黙読するように指示を出す。 →【タスク①】 すでに提示した施設の写真と、その説明文を組み合わせる。 ※施設名称はまだ提示しない。	各施設の説明が書かれた読解プリント ※「施設のご案内」の箇所に書かれた各施設名称とその番号は消しておく	黙読の際、理解できない言葉や表現があっても、辞書は使わないように指示する。
6分	タスク① 確認	説明文を、一施設ずつ音読。 タスク①の答えを言う。	各施設の説明文を正しく理解できているかどうかを確認した上で、タスク①の答え合わせを行う。 →施設名称を板書 ※説明文の中のどの言葉を手掛かりに答えを出したのかを確認すること		理解できなかった言葉があれば、全体で確認する。未習語がある場合は前後の文脈から類推させる。

6分	タスク② ★自分の行動を考え、発表するための読み	行きたい所をペアの相手と話し合う。 そして、発表する内容を考える。 そのためにテキストを再読する。	ペアを作り、以下の指示を伝える。 【タスク②】今から友達と「わくわくランド」に入場し、そこで遊ぶという状況を想定して、ペアの相手とどこに行くかを話し合う。そして、その日の2人の行動について発表する。 （作業のための時間は5分） T：「○○さんと、△△さんは、今、わくわくランドの入口にいます。 　どこへ行きたいですか。 　それは、どうしてですか。 　友達と話してください。 　そして、発表してください」 学習者の様子を見て回り、タスク①のときよりも細部が読めているかを確認する。	人物のPC ※「わくわくランド」の入り口にいる2人	国籍の異なるペアを考えておく。
7分	タスク② 発表	発表	タスク①では触れられなかった言葉や表現などが学習者から出たら、それを板書して確認する。		タスク①のときよりも理解が深まっていることを学習者に実感してもらえるよう全体を導く。
8分	タスク③ ★ロールプレイの要素を加えた読み	ロールカードを読む。 人物・状況設定を理解する。 その人物になったつもりで、再びテキストを読む。 ペアの相手と話す。 話しながら、施設について理解するためにペアでテキストを読み直す。 発表の際に聞く人を納得させるための説明を考えるために、ペアでテキストを再読する。	T：「次は、ロールプレイをします。 　他の友達と2人で会話を作ります」 →ペアを決めて、ロールカードを配る。 以下の指示を伝える。 【タスク③】ロールカードの人物になったつもりで、状況を理解し、どこへ行きたいかを相手と話し合う。そして、その日の行動について発表する。 （作業のための時間は7分） 指示にしたがって、作業ができているかを見て回る。人物設定や状況に合わせて、必要な情報を読み取る作業ができているかを確認する。	ロールカードには以下の点を記載しておく。 ①人物設定 ・その人物の年齢 ・職業 ・住んでいる場所 ・趣味 ②状況説明 ・季節やその日の天候 ・相手との関係性 例）親子、恋人、夫婦 ・園内での行動制限時間	タスク②のペアとは別の組み合わせで、異なる国籍の組み合わせを考えておく。

7分	タスク③ 発表	発表	タスク①と②の発表では触れられなかった言葉や表現などが学習者から出たら、それを板書して確認する。		タスク②のときよりも理解が深まったことを学習者に実感してもらえるよう全体を導く。
3分	振り返り	気付いたことを伝え合う。	このコマの学習で達成できたことを確認。 （「わくわく」という語の理解） 学習者からの質問があれば受ける。 ※時間があれば、学習者が実際に行きたいと思う娯楽施設について話してもらう。		

この授業で工夫した点・学習者の反応など

　読解は読みの技能が求められる作業ですが、優れた読み手は頭の中で自分自身の体験と照らし合わせて自問自答をしたり、先の展開を予測したり、さまざまなことを行いながら積極的にテキストに働きかけて読んでいると言われています。そのような読み手になるための練習として、教室でどんな活動ができるかを考えたのが、この教案です。

　この授業では、3段階に分けて、「テキストに働きかける」作業をしてもらうことを考えました。まずは、情報を得るための読みですが、表面的な理解だけでなく、例えば「展望台」と「富士山」、「温泉」と「リラックス」などの語と語の有機的なつながりを具体的にイメージできるようになることを念頭においた指導を行います。次に、その日の行動についてペアで話し合い、発表するための読みへと進みますが、ここで学習者はテキストを自分の好みや興味などと照らし合わせながら、自分自身にぐっと引き寄せて理解することになります。自分の希望を相手に伝えると同時に、相手の希望を聞き、どちらがいいかを相談しながらその日の行動を決めるにあたっては、テキストを再読する必要も出てくることでしょう。そして、最後にロールプレイの要素を加えた読みを行います。異なる状況設定でテキストに働きかけることで、読みの角度が変わります。それにより、それまではあまり気に留めず読み飛ばしていた箇所にも着目することになりますし、発表時に聞く人を納得させる説明を考えるために、さらにテキストを読み深める必要も出てきます。

　このように読む作業を総合的な活動に発展させることにより、文字情報から立体的な全体像を構築するためのトレーニングができるのではないかと考えました。

教案を読んで

横：「スキーマの活性化」の部分、いわゆる前フリですね。「今日のテーマ（複合施設）について学習者に質問し、発話を引き出す。このことによって、内容や出てくる単語について、ある程度の予備知識を提供する」という試みで、とってもいいですね。

坂：私もそう思います。黙読は、形式にあまり注意を向けずに、意味を中心にとろうとするので、よく読みの授業の最後に行うことが多いのですが、ここでは未知の語があって、言語的挫折をしても最後まで読む練習になっていますね。分かるところと分からないところを学習者自身で気付いて区別して、分からないところはクラス全体で確認するという流れがいいです。

横：「『施設のご案内』の箇所に書かれた各施設名称とその番号は消しておく」という配慮、その後の活動を見越していて、素晴らしいです。

坂：タスク②のペアワークで、「どこへ行きたいですか。それはどうしてですか。」と学習者に理由を聞かせたのも、素晴らしいと思います。人によっていろいろな異なる理由が出てきそうで、楽しそうです。

横：タスク②のペアとタスク③のペアを別の組み合わせにして、しかも異なる国籍にという配慮、いいですね。これを実現するためには、事前準備、すなわちあらかじめペアを決めておくことが必要ですね。

坂：「状況説明」の中に「園内での行動制限時間」が入っているので、ロールプレイの会話が、とてもリアルになりそうです。

横：はい。授業全体を通して、読む作業を総合的な活動に発展させていくために、さまざまな配慮をしながら、しっかりと一つ一つ段階を踏んでいますよね。

坂：読みの授業ですが、読みだけでなく他の技能にまで広げているのが、とても魅力的だと思います。

16 読解授業の教案例 (90分)

作成者：はな

使用教材とクラスのレベル……『中上級学習者向け日本語教材 日本文化を読む』7課「大根を半分」(中上級)
（著者: 沢木耕太郎、日常の光景から自分の生き方を問い直した文章として）

目 標……………………文章の内容を理解する。背景にある日本の社会事情を考えつつ、主人公の心情を読み取る。

学習項目……………………当該レベルの語彙・表現、文法事項の習得、特に文脈を構成する文法に注目する。

学習者国籍……………………台湾9人、韓国3人、香港・タイ・ベトナム各1人（計15人）

時間	項目	学習者の活動	教師の活動・板書	教材	留意点
9:00 (8分)	話題導入 （当該トピックに入るための準備）	予習を前提とした情報の交換 ＊予習ではどんな話なのかを考えながら一度読んでくること、分からない語彙を調べておくことを指示。 （教師の誘導による口頭でのやりとり） ・自身の日々の生活の食材購入に関して話す。	筆者について、簡単に紹介する。 学習者の、食材購入時の様子を聞く。 ・野菜をまるまる1つ買うかどうか ・スーパーではどのように売られているか ・半分や4分の1に切られたものや1人用に小分けにされたものなどはどんな人が買うのか。その背景にあるものは何か	スーパーの売り場の写真	学習者により身近な話題から始め、やりとりの中で、お年寄りの生活など日本の社会事情にも目を向けさせる。
9:08 (2分)	範読 （32頁1行目〜33頁10行目）	学習者は範読を聞きながら、予習してきたこと、分からない部分を再度確認。	32頁1行目〜33頁10行目を範読する。		★付属のCDではなく、教師の肉声で聞かせる。自然な速さで読む。
9:10 (5分)	大意取り	自由に読み取ったことを発言する。	場面や主人公「彼」について読み取れたことを確認する。		☆学習者が理解できている部分とできていない部分を把握する。
9:15 (35分)	内容・表現の確認	教師の質問に答えながら内容理解を深める。 分からない部分があれば、自由に質問する。 一定の量（段落）について、しっかりした日本語で説明する。	細かく内容を確認する。 ・「彼」はどんな人物か ・「彼」は今どこにいるか ・どうしてバスに乗っているのか 　→取引先の重役の家に不幸があり、出入り業者の営業責任者として、通夜の準備の手伝いに行くところ ・「彼」は普段、バスに乗るか ・バスの中はどのような様子か ・「彼」はどうして「あえて座らなかった」、「めったに座ることがなかった」のか	地図の略図 通夜・葬式の写真	一方的な講義にならないように注意する。 学習者に主体的に関わらせる。 通夜の準備の手伝いなど、国によって習慣が違うと思われるので注意する。

		・バスや電車で座るかどうか話す	→学習者に座るかどうか聞く ・「小さな罪悪感」とはどのような気持ちか ・「彼」はバスの中でどのような位置にいるか（バスの昇降口なども確認する） ・「これ、もらっていただけませんか」はどのような声だと思うか ・なぜ「ことさら大きく響いた」のか	バスの写真・図（昇降口、バスの内部が分かるもの）	国や地域でバスの昇降口も異なるので、確認する。
	（語彙・表現）	意味を説明したり、文を作ったりする。 ・自分があえてすること／しないこと ・バツが悪いと感じる場面	表現を確認する。他の例を出したり、文を作らせたりする。 ・(重役)の家に不幸がある ・用が足りる ・～姿：制服姿、スーツ姿 ・～込む：乗り込む ・あえて～ ・バツの悪い ・罪悪感を覚える ・めったに～ない ・不意に～ ・ごく～	「～姿」の写真か絵	◎内容理解を進めながら、必要に応じて表現の確認をするが、読解を意識して進める。 （読解終了後に表現練習の時間がある） 新出語彙・表現については、赤字のものは読解の中でも丁寧に扱う。
9:50 (5分)	音読	音読する。 分からない部分があれば、質問する。	数行ずつ、何人かに音読させる。質問を受け付ける。		授業で一度触れた部分については、分かる学習者にふり、学習者同士でやりとりさせる。
9:55 (3分)	まとめ	読み取ったことをまとめて言う。	この段落で読み取った内容を口頭でまとめて言わせる。		日本語でまとめることを意識させる。
9:58 (2分)	範読 （～35頁7行目）	予習してきたことを再度確認しながら、本文を読む。	33頁11行目～35頁7行目を範読する。		（上記★同様）
10:00 (5分)	大意取り	自由に読み取ったことを発言する。	場面や登場人物について読み取れたことを確認する。		（上記☆同様）
10:05 (22分)	内容・表現の確認 （34頁11行目まで）	教師の質問に答えながら内容理解を深める。分からない部分があれば、自由に質問する。 ・位置関係を図に描いてみる ・「老女」「若い母親」の心情を考える ・どのような社会背景があるか考える	細かく内容を確認する。 ・登場人物とその関係は？ ・「老女」「母親」「少女」「彼」の位置関係はどのようになっていると考えられるか ・「これ、もらっていただけませんか」と言ったのはだれか。なぜそういったのか ・どうして「戸惑っている」のか ・「若い母親」は受け取ったか ・「あいまいに頷」いた「若い母親」はどのような気持ちか	→板書（バスの中の図）	学習者に主体的に関わらせる。 本文の言葉を追いながら図で確認する。

			・「これ、もらってくださると助かるんですけど」と言った「老女」の心情は？		
		★位置関係、「彼」の視線、「老女」「若い母親」の声や視線を考えて動いてみる。	★34頁5行目までで分かるバスの中の様子(やりとり)を学習者に実際にやってもらう。 ・「彼」は「老女」と「若い母親」のやりとりから、どのような想像をしたか ・「大根は一本で買いたいという思い」とはどういう思いか		実際に学習者に動いてもらうことで、理解を深める。どうしてそのような動きになったかを本文と照らしながら確認する。
	(語彙・表現)	意味を説明したり、文を作ったりする。	表現を確認する。他の例を出したり、文を作らせたりする。 ・眼をやる　　・どうやら〜 ・唐突　　　　・戸惑う ・弁解する　　・〜もので、… ・あいまいな　・もてあます ・〜単位：一本単位 ・〜際　　　　・あまりに(も)		(上記◎同様)
10:27 (3分)	まとめ	読み取ったことをまとめて言う。	この時間に読み取ったことを確認し、次回の予告と予習指示をする。		音読は次回に。

この授業で工夫した点・学習者の反応など

　授業の話題導入として、学習者が日々の生活の中で目にするスーパーやコンビニでの話をすることにより、身近な話題として捉えられるようにしました。また、教師やクラスメートとのやりとりを通して、自身の生活の話だけでなく、自然に日本の社会事情（高齢化、一人暮らしの高齢者）にも目を向けさせ、気づきを与えられるよう工夫しました。

　読解時には、単調なＱＡの繰り返しにならないよう、図や写真を用意し、そこから分かることや疑問などを学習者が自発的に発話したくなるような状況を作るようにしています。また、読み取りの前提として日本事情の知識が必要なものについてはしっかりと確認し、自国の事情と比較などしてもらいながら、理解が深まるようにしました。今回の授業では、通夜・葬式の習慣、バスの乗り方（昇降口の位置）やバスの中の風景などがそれに当たります。

　読み取れているかどうかの確認作業としては、ＱＡでの確認が中心となりますが、登場人物がバスの中でどのような位置関係にあるのかを図に描いてみる、また、バスの中の様子を登場人物になって再現してみるなどすることで、視覚的にも確認できるように工夫しました。自分たちで再現することにより、声の調子や視線なども確認することができ、再現者もそれを見た者もそれぞれに気づきがあり、学習者の反応は非常によかったです。

　この授業の続きでは、主人公の心情を読み取っていく一方で、親のことを気にかけてはいるものの、

どうしても同居できず離れて暮らす人が多いという社会事情についても考えてもらいましたが、自国の社会事情にも触れつつ、活発な意見交換が行われました。

教案を読んで

坂：読解授業は「読んで、文字通りの意味を理解して、それで満足」となりがちなのですが、この授業、それをはるかに超越しています。

横：はい。読み物を題材にして、話者の心情を読み取ろうとする工夫がたくさんされているところ、素晴らしいですね。

坂：日々の食材購入に関して話し合わせるところから授業が始まり、それが日本社会のお年寄り事情にまでつながっていますよね。

横：スムーズな流れですね。「読み取りの前提として必要な日本事情の知識」を事前にきっちりと予測して、それへの対応を細やかになさっている点、見習いたいです。「通夜・葬式」の写真に留まらず、その準備のお手伝いまで踏み入っている点、すごいです。

坂：そうですね。もし時間があったら、通夜・葬式の様子が出ている映画の１シーンなども見せるといいでしょうね。

横：「これ、もらっていただけませんか」がどのような声なのかを考えさせたり、「位置関係、『彼』の視線、『老女』『若い母親』の声や視線を考えて動いてみる」の部分、素晴らしいと思います。これらのことを行うためには、その根拠まで考えないといけませんので、「なんとなく読んでなんとなく分かった」では済まなくなります。登場人物の心情まで考えながら読ませることができると、「読解」の授業も大きく変わります。この授業は、その好例でしょうね。

坂：本当にそうですね。心情が分かるだけでなく、それをみんなで演じようとする点を見習いたいです。顔の表情とかジェスチャーとか声の出し方、強さなどいろいろと考えて演じることでしょう。

横：読み教材を通して、人の心の動きや日本社会の実状を知る、また自分の国にも思いをはせるいい機会になったんじゃないかなと思います。活発に話している学習者の姿が目に浮かびます。

17 読解授業の教案例 (50分)

作成者：アッコ

使用教材とクラスのレベル ……『朝日新聞』2015年8月10日朝刊「天声人語」(上級)

目　標 ……………………環境に関する文を読み解き、そこから見えてくる問題について日本語で議論するための準備をする。

学習項目 ………………日本語で考える環境問題 (海に流れ込むプラスチックごみ)

学習者国籍 ……………中国5人、韓国3人、ベトナム4人、台湾2人、モンゴル1人 (計15人)

時間	項目	学習者の活動	教師の活動・板書	教材	留意点
9:00	読解のテーマ：環境問題 (プラスチックごみの海水汚染)についてイントロダクション	身近な環境問題について話し合う。大気汚染、ゴミ問題、地球温暖化、など、自身が気になる問題について述べる。	身近な環境問題について聞く。学習者が提起した環境問題から、今日のテーマである「プラスチックごみの海水汚染について」に話をつなげていく。	世界地図 (日本は海に囲まれている。海に面していない国も世界にはたくさんあり、国によってそれぞれ抱える問題が違う点も留めておく)	学習者のバックグラウンド(国)により直面している問題が異なる点に注意。
9:05	第1段落読解準備	教材に目を通し、難しい語彙や言い回しをピックアップしていく (予習前提)。 不明点の列挙。漢字の読み、語彙、文法、その他。	既出・新出語彙の確認、類義語の確認、文法の確認。 第1段落 ○~ながら：逆接／けれども、~にしては ○自重(じじゅう)：自分の重さ「じちょう」と読む場合の意味確認 (自分のことを重んじる／軽はずみなことはしない) ○~ぶり：状態や様子を強める言葉。「3年ぶり」など、時間の後につくときの経過を表す「ぶり」との違いを確認。	「~ながら」「自重(じじゅう)」「~ぶり」の文字カード	既出語彙はおろそかにする傾向があるので、確認のためにも丁寧に扱う。 漢字の読み方は、音だけでなく板書もし、目と耳の両方で確認。 非漢字圏学習者がクラスにいる場合は、必要がある場合は文字カードをフラッシュカードとして確認していく。
9:10	第1段落読解	音読。声をそろえ、一定の速さを保ちながら読む。一度読み終わったら、教師が読むのを聞く。その後、再度全員で音読。	漢字の読み違いやイントネーションの違いに注意しながら聞く。その後、教師が読む。長文に出てくるアリと人間の体重についての比較→アリのすごさの認識→この例え話が次の段落以降にどのように関わっていくのかを考えさせる (本文の全体像を捉えていく)。		途中で間違えても、そのまま流して最後まで声に出して読むよう促す (口と耳を慣らすため)。

102

9:20	第2段落 読解準備	教材に目を通し、難しい語彙や言い回しをピックアップしていく（予習前提）。 不明点の列挙。 漢字の読み、語彙、文法、その他。	既出・新出語彙の確認、類義語の確認、文法の確認。 第2段落 〇縮尺（しゅくしゃく）⇔ 現尺（げんしゃく） 反対語の確認。 〇無限⇔有限　文中での使われ方に注意。 〇ビール瓶1本の量（量の例え方・「東京ドーム5個分の広さ」など、よく使われる例を提示）	ホワイトボードに手描き 100センチ の地球のイラスト	反対語は、語彙の確認にとどまらず、それらが文中でどのように使われるのかも確認する。
9:25	第2段落 読解	音読。声をそろえ、一定の速さを保ちながら読む。 一度読み終わったら、教師が読むのを聞く。その後、再度全員で音読。	漢字の読み違いやイントネーションの違いに注意しながら聞く。その後、教師が読む。 内容確認。 問題提起の段落。どの部分が筆者の言いたいことなのかを確認し、その部分を板書 （海は「有限」である）。		途中で間違えても、そのまま流して最後まで声に出して読むよう促す（口と耳を慣らすため）。
9:30	第3段落 読解準備	教材に目を通し、難しい語彙や言い回しをピックアップしていく。（予習前提） 不明点の列挙。 漢字の読み、語彙、文法、その他。	既出・新出語彙の確認、類義語の確認、文法の確認。 第3段落 〇生命のゆりかご：比喩表現。何が「生命のゆりかご」なのか？「ゆりかご」はどのような意味で使われているのかを確認 →「海が」生命のゆりかご（生命が育んでいかれる場所の例え） 〇捨て置けない（捨て置く＋ない）： 放っておくことができない（捨て置く＋ない）→捨て置けない（板書） 〇「海がプラスチックのスープになっている」：比喩表現。現在の海の状態は？ →海にプラスチックごみが流れ込み、紫外線で細かく砕けている	比較できる素材を準備 ・きれいな海の写真 ・ごみがあふれている海（河川）の写真	「ゆりかご」を使った慣用句の紹介。 〇ゆりかごから墓場まで：生まれてから死ぬまで 単語の確認にとどまらず、そこから派生する文言や慣用句にも言及。

| 9:40 | 第3段落 読解 | 音読。声をそろえ、一定の速さを保ちながら読む。
一度読み終わったら、教師が読むのを聞く。その後、再度全員で音読。

比喩表現がいくつか使われているので、それを挙げて再確認→板書

身近な例でゴミについて考えてみる。
1日でどれくらいのごみを出して生活しているのかを、自分の生活を振り返って考えてみる。

教師が提示するテーマについて考える。質問に対する答え、さらに、なぜそう考えるのかをまとめる。 | 漢字の読み違いやイントネーションの違いに注意しながら聞く。その後、教師が読む。

内容確認。
今の海の状況→プラスチックごみによる汚染の拡大

問題提起。
1年間に海に流れ込むプラスチックごみの量から想像してみると、実際に海に流れ込むゴミの総重量はどれくらいになるだろうか？

議論のテーマ確認。
○プラスチックが溶けている海で泳ぎたいと思うか？
○その海で捕れる魚介類を口にしたいと思うか？
　など。

それぞれの質問に対し、学習者の意見となぜそう思うのかを発言させる→議論の始まりに持っていく。 | 比喩表現板書
「生命のゆりかご」
「プラスチックのスープ」 | 途中で間違えても、そのまま流して最後まで声に出して読むよう促す（口と耳を慣らすため）。

文中の比喩表現を使わなかったらどのように表すことができるのかを、併せて考えてみる。

例）生命のゆりかご→命の源
例）海がプラスチックのスープになっている→海に流れ込んだプラスチックごみが細かく砕けて混じっている

また、学習者ならどのように例えて表現できるかを発言させる。 |

この授業で工夫した点・学習者の反応など

　世界中どこにいても、環境問題は深刻で、早急に熟考・解決しなければならない問題であることは明らかです。今回のテーマ「海に流れ込むプラスチックごみによる海水汚染」だけでなく、大気汚染や地球温暖化など、身近にさまざまな問題が存在します。日本で日本語を学ぶ学習者の出身が異なっても、住んでいる「地球」という星は同じ。地球人として国を超え、日本語で語り合い、議論することによって、母国の視点と日本の視点の両方から環境問題を考えることができると思い、教材を選びました。日本は海に面していますが、面していない国も世界中には多くあり、そのような国の出身者は海に流れ込む河川の汚染について考えるきっかけにもなったようです。レベルの高い学習者対象の授業では、学習者全員が興味を持てるテーマで授業展開をすべきと日々考えていますが、その点では環境問題はいい題材になると考えられました。

　しかし、問題提起→問題の理解→解決への議論、というステップが着実かつ確実に進められるような内容展開の授業を目指したところで、やはり出身国により環境問題への意識の高さの違いが多々見

られました。母国が抱えている問題と日本が抱えている問題の差、そして国によって問題解決の優先順位も異なり、それらを相互理解するために、さらに一歩踏み込んだ視点でのテーマ選びがますます必要だと感じました。

　クラス授業としては、学習者それぞれが発言する機会が持て、読解だけにとどまらず学習者自ら声を出す授業展開になりました。読解の授業は、上級になればなるほど授業展開の予測が付きません。想定以上に発言が多かったり、逆に興味の薄い内容の場合は学習者が授業に入ろうとしなかったりすることもありますが、共通認識を持たせ一体感をはかることで、「クラス」という利点が大きく感じられる授業になっていくと感じました。

. . . .

坂：最初の「イントロダクション」で「自身が気になる環境問題」について話し合わせることが、内容スキーマの活性化になっていますね。しかも、世界地図をさりげなく用意して、国によって環境破壊の状況が違うことを伝えています。周到な準備ですね。

横：はい。現実的なテーマに関心があまりない人も、関心を持ってくれそうな工夫ですよね。

坂：「漢字の読み方は、音だけでなく板書もし、目と耳の両方で確認」や、非漢字圏学習者用に、「文字カードをフラッシュカードとして確認していく」といった配慮、漢字が苦手な学習者は喜ぶでしょう。

横：そうですね。ところで、最初の音読の部分ですが、全員で声をそろえて読ませると、漢字の読み違いやイントネーション、アクセントの違いのチェックが難しくなるかもしれません。個別で読ませてみると、「あれ、ちょっと違う」という点が見つかりそうです。

坂：私は「レベルの高い学習者のクラスの授業では、学習者全員が興味を持てるテーマで授業展開をすべき」という点に、強く共感します。

横：私も。そして「読解の授業は、上級になればなるほど授業展開の予測が付かない」って、本当にそうだと思います。それが原因で、教案自体を細かく書くのも、より難しいのかもしれません。

坂：比喩表現などの知識を広げていっている点も素晴らしいですね。学習者の母語に似たような表現があるかどうかも、みんなでシェアできるといいですね。盛り上がりそうです。

横：次の時間では「議論」の時間が設けられていますね。上級になればなるほど、論理的かつ批判的な思考力が必要となります。読んで意味が分かれば終わりではなく、このように議論する時間をしっかりと設けることが、非常に大切だと思います。

18 上級授業の教案例（70分）

作成者：MT

使用教材とクラスのレベル……自主作成した教材（日本での就職活動を考えている上級者）
※教材は108ページに掲載

目　標………………グループで意見をまとめ、その意見を聞いている人に分かりやすく発表できるようになる。

学習項目………………①就職活動で行われるグループディスカッションの進め方を学ぶ
②日本での就職活動について学ぶ

学習者国籍………………中国10人、ロシア3人、フィンランド・ベトナム・トルコ各2人、ミャンマー1人（計20人）

S：学習者　OHC：Over Head Camera

時間	項目	学習者の活動	教師の活動・板書	教材	留意点
	あいさつ	全員起立し、おじぎ(敬礼)をする			
10分	グループディスカッションについての説明		就職活動における面接の一つであるグループディスカッションについて面接形式、注意点などを説明。	教材(資料①)配布	
5分	今日の活動内容についての説明		〈活動手順〉 ①4名のグループを作成し、各グループで司会者・タイムキーパー・記録者・発表者を決める。 ②話し合いの進捗状況をグループメンバー全員で確認しながら進められるよう、配られたB4用紙に記録者が話し合った内容をまとめていきながら話し合う。 ③発表者が、記録者のまとめたメモをOHCに映しながら発表する。		
15分	各グループでの話し合い	①簡単な自己紹介 S：「(名前)です。工学部の院生です。よろしくお願いします。」 ②担当の決定 S1：「では、初めに担当を決めましょうか。」 S2：「私がタイムキーパーをします。」 S1：「みなさん、よろしいですか。では、S2さん、よろしくお願いします。」 (以降,それぞれの担当を決める。)	各グループを回り、進捗状況を確認。 話し合いの進め方、担当者の役割などで問題がある場合はアドバイスを与える。	各グループにB4用紙(資料②)配布	決められた時間内で話し合いを終え、発表内容をまとめるよう指示。また、積極的な参加を促す。

		③話し合い 司会：「司会の(名前)です。どうぞ よろしくお願いします。就職活 動について知っていることを一 人ずつお願いします。」 S1：「はい。何度も面接があると 聞いたことがあります。」 S2：「私は、みんな同じ時期に就 職活動を始めると聞きました。」 (以降、一人一人発言し、最後に 発表者が発表内容をまとめる。)			
2分 ×5	各グループ の発表	発表者：「Aグループを代表して、 (名前)が発表させていただきま す。 ・・・・ 以上で発表を終わります。」			決められた時間 内で発表するよ うに指示。
30分	フィード バック		①日本での就職活動の流れに ついて補足説明する。 ②グループディスカッショ ン・発表方法のフィード バック ・就活でのグループディス カッションで必要とされ る参加態度についての説 明 ・発表でよく使われる表現 の確認 ・用紙の使い方 ・聞いている人に配慮した OHCでの示し方		
	あいさつ	全員起立し、おじぎ(敬礼)をする。			

1. 就職活動における面接形式

- 個人面接…学生1名に対して面接官1名～複数名
- 集団面接…学生複数名に対して面接官1名～複数名
- グループディスカッション…学生約5名に対して面接官1名～複数名
- ディベート…賛成派2名、反対派2名といった形でグループ分けし、賛否両論あるテーマを論じる
- グループワーク…学生5～6名を1グループとし、ある設定された場面で仕事の役割分担や戦略を考える
- プレゼンテーション…学生1名に対して面接官1名～複数名。企画を発表したり、新製品の売り込みをする

2. グループディスカッション

少人数のグループで、与えられた課題についてディスカッションし、結果を発表する。
ケーススタディ(問題解決・課題提案型)とインバスケット型(優先順位づけ)の2つのパターンがある。

2-1 測定される力

(　チームワーク　)
(　プロセス　) ＞ 結論
※( )内は授業中、学生にメモをさせるために空白にして配布。

必ずしも正論や一般論を述べる人が高く評価されるとは限らない。

2-2 注意点

- ✓ テーマから外れないようにする。
- ✓ 個人の発言時間に気をつける(積極的に参加する・話しすぎない)。
- ✓ 他者の意見に対して否定的な意見を言うときは、「○○さんの意見はよくわかります」等
- ✓ 肯定的な言葉をまず述べる。
- ✓ 明るく、協調性のある人間であることをアピールする。
- ✓ 終了時間前に、ディスカッションの内容をまとめて確認しておく。

<参考文献>
就職総合研究所編 「就職の赤本 2013年度版」 (日本シナプス)

実習

次のテーマについて指定された時間内にディスカッションをし、その後発表しなさい。
テーマ:日本の就職活動について知っていることを話し合ってまとめる
時　間:15分

1) 簡単な自己紹介(専攻・名前)
2) 担当の決定
　司会 (　　　　　　　　)
　タイムキーパー (　　　　　　　　)
　記録者 (　　　　　　　　)
　発表者 (　　　　　　　　)
3) 話し合い
<メモ>

4) 発表(2分)

この授業で工夫した点・学習者の反応など

　このビジネス日本語コースでは、日本語能力の向上とともに、経済産業省が2006年に提唱した「社会人基礎力」(職場や地域社会で多様な人々と仕事をしていくために必要な基礎的な力)の養成を目指しています。今回の授業では、グループディスカッション(以下、GD)を行うことで、特に「チームで働く力」の養成を意識した活動を行います。日本で就職活動を希望する学習者が対象であることから、就職の面接で行われるGDの手法に慣れるために、コース中何度もその機会を設けています。今回のように、GDをするのが初めての場合、司会者、タイムキーパー、記録者、発表者の役割をうまく果たせない学習者がほとんどですが、回を追うごとにグループ内で助け合いながら役割を果たせるようになります。

　今回はGDと発表の初回ということで、あえて詳しい説明をせずに始め、体験することに重きをおきました。この手順で進めることで、教師が今後GDを行う際、何を重点的に指導すべきかを把握できると考えてのことです。

　ビジネス場面でのマナーやふるまいに慣れるために、授業前後のあいさつだけではなく、授業を受ける際の椅子の座り方、提出物の手渡し方などのマナーにも注意するように指導しています。

　授業中の活動一つ一つの目的を毎回説明しながら作業をさせることも、授業を進める上での留意点の一つです。各活動が就職活動、あるいはビジネス場面にどのようにつながるのかを意識させることで、授業への積極的な参加を求めています。

今回の授業案では、おおまかな時間配分を書きましたが、GDや発表を受けて補足説明やフィードバックを行うため、状況に応じて時間配分を変えています。

. . . .

教案を読んで

横：日本語能力向上ととともに、社会人基礎力の向上を目指している点がユニークですね。

坂：はい。「日本での就職活動を考えている」学習者にとっては、就職試験でよく行われるグループディスカッションのやり方を学び、練習する授業ですので、ありがたい内容になっていると思います。

横：それから、最初の10分の、「グループディスカッション」の形式の説明や、そこで何が求められるのか、何に注意すべきなのか、などの説明が、とても分かりやすいです。

坂：そうですね。司会、記録、発表の役ですが、そういう役割を担当することに、慣れていない学習者もいるかもしれませんね。

横：司会、記録の取り方、発表の仕方の練習も必要かもしれませんね。

坂：話し合いで「一人一人発言し、最後に発表者が内容をまとめる」とありますが、ディスカッションになりにくいこともあるかもしれません。「テーマ」を「日本の就職活動について知っていることを伝え合い、それについての意見をグループで話し合ってまとめる」にすると、ディスカッション形式の意見交換がしやすくなるでしょうね。

横：テーマによっては、基礎知識がないために話しにくいこともあるかもしれませんが、実際のグループディスカッションでは、苦手なテーマが取り上げられることもあるので、役に立つと思います。

坂：授業の中で、「マナー指導」をしている点、日本での就職活動を考えている学習者には必要不可欠で、素晴らしいですね。

横：授業中の各活動の目的を毎回説明して、学習作業に入っています。現在行っている活動がどういう目的の活動か知って練習すると、学習者も安心してその活動に打ち込めます。見習いたいですね。

19 プライベートレッスンの教案例（60分）

作成者：ひつじかい

使用教材とクラスのレベル ……『NIHONGO Breakthrough From survival to communication in Japanese』
1課（全くの初心者）

目標 ………………パーティーなどで社外の人に自己紹介ができる。

学習項目 ………………(1)基本的な自己紹介、(2)名刺交換のマナー、(3)日常の挨拶、(4)便利な表現

学習者国籍 ………………アメリカ、30代男性1人（中間管理職）

T：教師　L：学習者　FC：フラッシュカード

時間	項目	学習者の活動	教師の活動・板書	教材	留意点
9:00	自己紹介基本フレーズの導入	・教師の後についてリピートする。	（教師が入室し立ち上がってくれた場合は立ったままで） T：はじめまして。○○です。どうぞよろしく。（お辞儀をする） ・とまどっていたら、媒介語を使って、これが初対面の挨拶であることを小声で伝え、リピートしてみるよう促す。 ・「○○です」の部分は、自分の名札を示し、名前を述べていることが分かるようにする。	・名札（自分の胸に着用）	・本当の意味での初対面の場は一度しかないので有効活用する。 ・口が回らない、覚えられない場合は無理せず適当なところでやめて着席する。
9:05	本日の目標提示＆ウォーミングアップ	・教師の説明を聞き、質問があればする。	1. 媒介語を使って、今日のレッスンの目標を伝える（レッスンでは初めて会った社外の人に簡単な自己紹介ができるようになります）。 2. 媒介語での自己紹介と雑談（「日本の生活」「職場のようす」など）。		・初回授業なので、媒介語を使ってリラックスしてもらう。
9:10	自己紹介基本フレーズの練習	・3つの基本フレーズを暗記するまで練習する。	1. 最初にやったフレーズをFCを示して再度確認する。この際、「どうぞよろしく」を「どうぞよろしくお願いします」に入れ替える。 2. 個々のフレーズの意味を説明する。テキストの訳は意訳なので、文字上の意味も説明しておく。 3. フレーズごとに区切って練習をする。 4. 挨拶の最後日本人は何をしているか質問し、「お辞儀」に導く。その意味を説明し、立ち上がり、お辞儀を加えて練習する。	・FC：「はじめまして。」「○○です。」「どうぞよろしくお願いします。」（ローマ字）	・自己紹介で日本語を使用する場面は社外の人に限られるので、「どうぞよろしく＋お願いします。」を導入。 ・お辞儀などの行為には意味があるので、「ただ習慣だからやる」のではなく、その意味を理解してもらうように努める。なぜ握手をするのか考えることがヒントになるかも。その後、なぜ、お辞儀をするのか考えてみる(人間の体の大切な部分を差し出す。相手を信頼していることのあかし)。

			5．FCを少しずつ裏返しにしながら暗記へと導く。		・この時間はひととおりの自己紹介ができるようになることが重要なので、よほど変でない限り、お辞儀だけを何度も練習させない。
9:20	名刺交換のルール	・名刺交換のルールについてテキストにそって理解する（英文解説を音読してもいい）。	1．媒介語を使って、ビジネスシーンでの自己紹介では、言葉での挨拶以外に何をするか質問し、名刺交換を導く。 2．テキストを見ながら、名刺交換のルールにそって、サンプル名刺を使って確認する。	・テキストp.9を開くExchanging Business Cards ・いろいろな名刺・サンプル(縦書き、英語の有無)	・テキストには同時交換の例がないが、現実には多いので、右手で差しだし、左手で受け取ることを入れる。 ・細かいルールよりも日本人が「名刺をその人の顔」だと思って大切に扱っていることが分かればよい。
9:25	名刺交換を交えた自己紹介の練習	・「(会社名)の(名前)です。」の語順を理解する。 ・「ちょうだいいたします」のリピート練習。 ・基本フレーズの中に名刺交換を入れ込んだ自己紹介を立って練習する。	1．名刺を交換するときには、「(会社名)の〇〇です」と言うことを導入。 2．名刺を受け取ったとき「ちょうだいいたします」を導入。 3．教師と2人で、名刺交換をしながら自己紹介の練習をする。	・FC：「(会社名)の〇〇です。」「ちょうだいいたします。」(ローマ字)	・「(名前)の(会社名)」ではなく、日本語では語順が違うこと、修飾の仕方の違いにも触れる。
9:35	職場で使える挨拶表現	・表現のリピート練習。	・絵がどういう場面なのかしっかり理解した上でTがモデル発話し、Lがリピートする。 ・「『おはようございます』は何時まで？」「午後出社するときはどうする？」などの質問があった場合、一般的な事例として答えるが、一番重要なのは会社の慣例に従うことであることを添える。	・テキストxii, xiii Greetings	・職場で使えるか使えないかをきちんと示す（「こんにちは」「さようなら」など）。 ・毎回練習するので、完璧を目指さない。
9:45	便利な表現	・表現のリピート練習 ・こんなときどう言えばいいかなど、知りたいことを質問する。	・Tがモデル発話し、Lがリピートする。 ・自己紹介で使った「お願いします」を使って、「ゆっくりお願いします」「英語のメニュー、お願いします」なども紹介。 ・表現の中に「～か?」「～ません」などが出てくるので、理解度によっては、日本語は文末が重要であることを説明する。	・テキストxiv Useful Expressions for Survival	・ここで時間調整する。

9:50	今日の復習（名刺交換を交えた自己紹介）	・今日の練習を思い出し再度練習。	・教師はいろいろな名刺を使って、Lとペアで自己紹介の練習をする。	・FC：「はじめまして。」「（会社名）の〇〇です。」「どうぞよろしくお願いします。」（ローマ字）	・FCを徐々にとり、何も見ないで言えるようになった達成感を感じてもらう。
9:55	クロージング ・本日のまとめ ・次回の予告 ・Q＆A	・今日の学習、および今後の進め方について質問があればする。	・テキストを開き、今日学習した内容（自己紹介）に該当するページを確認する。テキストには「どうぞよろしく」としか書かれていないので、「お願いします」を加えてもらう。 ・今日の自己紹介は一方的な発話であったが、次回は初対面の場面での簡単なやりとり(名前を聞くなど)を学ぶことを予告する。 ・次回までに「挨拶表現」を覚えておくことを伝える。 ・質問を受け付ける。		・初回のレッスンでかなり疲れていると思われるので、最後は媒介語を使って、今日の感想などを聞きながら、今後の学習の進め方などについて話し、リラックスした雰囲気で終われるようにする。

この授業で工夫した点・学習者の反応など

　通常は、レッスン開始前にレベルチェックやニーズ調査などで学習者にお会いすることが多いのですが、この方の場合は、全くの初心者で、しかもすぐにレッスンを始めてほしいということで、この日が全くの初対面でした。そこで、いきなり日本語での自己紹介からスタートしてみました。拒否反応があればすぐにやめようと思っていたのですが、日本語レッスンが始まるというワクワクした気持ちを感じていただけたようで、スムーズにスタートできました。

　社内での会話は英語で問題がないので、社外の方と簡単な会話ができること、また日本での生活がしやすくなるための日本語習得が目的のレッスンです。日本語が日本人とのコミュニケーションのきっかけになればと思い、授業を組み立てました。前半の自己紹介は、赴任したばかりで取引先の方とお会いすることも多いようなので、その際使えるように、テキストの最初の会話に、名刺交換やお辞儀などのジェスチャーを織り込み練習しました。後半は挨拶表現を取り入れましたが、職場で使えるもの、使いにくいものなど、媒介語を使って説明を加えました。ビジネスパーソンを担当する場合は、挨拶ひとつとっても、会社によってその使われ方は違いますので、レッスンで扱うものは一般的なものであるが、職場での慣習に従うのが一番であることを言い添えるようにしています。

　プライベートでなおかつ英語という媒介語が使える方でしたので、効果的に媒介語を使い、大人の知的欲求にも答えることができるよう、名刺の扱い方やお辞儀など、日本人の考え方などは積極的に媒介語での説明を入れていきました。

　「60分1話完結」。学習者の様子を見ながら、無理せず達成感のある60分を心掛けました。

教案を読んで

横：「教師の行動」「留意点」の内容、「戸惑っていたら、媒介語で初対面の挨拶であることを小声で
伝える」「お辞儀をする意味を一緒に考えてみる」「会社の慣例に従うことの重要さを伝える」など、
授業全体を通して、繊細で的確な配慮がなされていることが分かりますね。

坂：本当にそうですね。ビジネスマン相手の日本語教育なので、特に大人の対応が求められますが、
十分配慮がなされていると思います。

横：時間調整の部分として「便利な表現」が当てられているのですが、時間調整が授業の一番最後の
活動でないことが、ユニークで素晴らしいですね。授業の一番最後を時間調整に当ててしまうと、
その大事な部分を急ぎ足でバタバタ終わってしまったり、逆に間延びしてしまったりということが
よくあるので。

坂：媒介語である英語をどう使用するかについても、細かな配慮がなされています。挨拶言葉を教
えるときに、こなれた英語にすると同時に、日本語直訳だとどういうふうになるか簡単に説明す
ると、さらに興味が増すかもしれませんね。例えば、「どうぞよろしくお願いします」なら、"I am
requesting you to be nice to me." とか。

横：日本語らしい曖昧なリクエストのニュアンスも伝わりそうですね。

坂：ええ。「フレーズごとに区切って練習する」とありますが、難しそうなら、文末の方から少しず
つ区切って、文頭の方に戻っていくという手もあります。そうすれば、長い文でも言いやすくなり
ますので。

横：この教案、繰り返しになりますけど、本当に細かな配慮が隅々にまでなされていますよね。

坂：はい。ビジネスマン相手の初級の授業ということですが、私もこんな授業だったら、受けてみた
いです。言葉だけでなくて、いろいろなことに気付かせてくれそうな授業になっていますよね。

20 プライベートレッスンの教案例(120分)

作成者：あちゃこ

使用教材とクラスのレベル ……『タスクで学ぶ日本語ビジネスメール・ビジネス文書 適切にメッセージを伝える
力の養成をめざして』1課（超級 N1取得済み）

目　標 ………………………お誘いメールが書けるようになる。

学習項目 …………………… 1課　お知らせ(社内)

学習者国籍 …………………アメリカ1人(弁護士)

学習者のニーズ、状況 ……生涯日本で生活することを視野に入れ、日常生活、職業上専門的なことも含め、4
技能の総合的な日本語力アップを目指している。将来的には弁護士としてクライア
ントの相談にもすべて日本語で対応できるようになりたいとのこと。週1回、2時
間の日本語授業では毎回学習者の要望を中心に1、2度で完結できる授業を組んで
いるが、今回の授業では以下の要望に従い、授業を組んでいる。「職場では、部署
内の親睦のため、度々非公式の飲み会に誘われるようになり、最近では幹事役を任
せられるようになった。これを機に社内メールだけでなく日常生活でも少々カジュ
アルなお誘いメールが書けるようになりたい」

PC：パソコン

時間	項目	学習者の活動	教師の活動・板書	教材	留意点
15分	アイスブレイク	①『部署内でする宴会』について話す。 ②『保育園の親との集まり』について話す。	◆以前学習者から聞き取った話を元に学習内容に合わせたテーマで授業につなげる。 ①歓迎会、送別会、新年会、忘年会、花見など、日本企業での一般的な宴会について、情報提供する。また、それらに出たことがあるか、外資企業ではどうか聞く。 ②ママ友やパパ友とはどのような集まりがあるか、保育園の休日にも集まりがあるか、どのようなものがあるかなど、学習者の息子が通う保育園のケースを聞く。		①外資系企業社員の学習者なので日本企業文化について解説する。 ②学習者の息子は保育園年長組の2年目。そこで、1年目の経験をもとに、最近の保育園事情について教えてほしいというスタンスで話を聞く。
5分	役に立つ表現 練習1 練習2	③テキストを音読し意味を確認する。 ④練習1 ⑤練習2	③必要なら解説し、補足する。 ④必要なら解説する。 ⑤必要なら解説する。	本冊　1課 (p.30)	④予習ができているので、あまり問題なく理解できるはずである。
15分	問題1-1	⑥状況とタスク内容を読み理解する。 ⑦どんな表現を使ったらいいか考え、話す。 ⑧メール文作成（教師に送信）	⑥必要なら補足、解説する。 ⑦足りない点を補足し、表現指導をする。 ⑧学習者のPC画面で確認する。	本冊　1課 (p.31) PC	⑧教師へのメール送信は授業記録のため。

10分	解答例確認	⑨解答例を音読し、作成したメール文と比較する。	⑨解説し、学習者作成のメール文についてフィードバックする。	別冊 解答例 (p.002)	⑨訂正した点は、次回レッスン時に教師が直し、印刷して渡す。
15分	問題1-2	上記⑥〜⑧と同様に	上記⑥〜⑧と同様に	本冊 1課 (p.31) PC	上記⑧と同様に
10分	解答例確認	上記⑨と同様に	上記⑨と同様に	別冊 解答例 (p.003)	上記⑨と同様に
15分	問題1-3	上記⑥〜⑧と同様に	上記⑥〜⑧と同様に	本冊 1課 (p.32) PC	上記⑧と同様に
10分	解答例確認	上記⑨と同様に	上記⑨と同様に	別冊 解答例 (p.004)	上記⑨と同様に
5分	タスク1 宿題の説明	⑩教師の出題したメール文で書くべき内容について確認・メモ取りをする。・来週のレッスンまでに教師に送信する。	出題『忘年会のお知らせ』⑩書くべき内容、ポイントは何かを確認するが、不適当な点があっても、ここではヒントのみ与え、学習者に委ねる。		
5分	タスク2 宿題の説明	上記⑩と同様に・来週のレッスンまでに教師に送信する。	出題『忘年会の会場変更のお知らせ』上記⑩と同様に		
10分	タスク3 宿題の説明	上記⑩と同様に・来週のレッスンまでにメール文を作成し、教師に送信する。	出題『BBQへのお誘い』◆以下の内容を盛り込んで作成すること・保育園の親たちを自宅のBBQに誘う。・日程は2週間後の土曜日、11時スタート・BBQの準備は、学習者宅でする。・飲み物など好みのものは持参願いたい。・アレルギーなどある場合は要事前連絡・自宅の場所は知らない人もいる。・連絡締め切り日を設定する。		

5分	授業の締め	質問&連絡など	質問への回答&次回レッスンの確認など		レッスン終了(2時間)
授業終了後のサービス	教師から受信したアプリ内の語彙・表現を次週までに学習・暗記しておく	授業中に学習者がノートしていた未習語彙・表現のうち覚えてほしいものを学習アプリに打ち込み、送信する。	スマートフォン、学習アプリ(暗記するためのもの)	教師の移動時に送信するため、語彙・表現の日本語部分を作成し、送信し、学習者は英語部分を作成し、暗記する。	

次週	フィードバック	タスク1〜タスク3 ①自信のないところ、難しいところを話す。②教師の指導により、訂正したメール文を再度、教師に送信する。	タスク1〜タスク3 ①学習者が書いたメール文で訂正したい点を指導する。	学習者のメール文を印刷したもの	②再送信されたものを授業後、訂正して返信する。

この授業で工夫した点・学習者の反応など

　学習者は外資弁護士事務所から取引先日本企業に出向し働いています。郊外に住宅を購入、日本人の妻と公立保育園に通う息子さん2人と暮らしています。地域には外国人はほとんどいないので、早くなじもうと近所付き合いにも積極的です。近々自宅でアメリカ式BBQパーティーを開き、息子さんの保育園の親たちと親交を深めたいと考えています。

　授業の内容は、4技能総合的に、超級レベル（N1取得済み）の学習者の要望を中心に、1、2回、完結型の授業を組んでいます。また、教師の視点から学習者本人のニーズ、状況に必要と思われる内容を提供しています。要望のあるときには、授業前日までに本人が学習したいことを知らせてくるので、極力それに合わせ、適切な教材を選択し授業に臨みます。特に要望のないときのために、予備の授業内容を常に用意しておき、時間の余ったときにも利用しています。

　今回の授業で使用した教材は学習者の使用テキストですが、生教材も多く使用します。学習者提供の新聞記事、仕事上の機密書類などの使用も多く、学習者の予習による反転授業を中心に進めるスタイルが定着しています。今回はテキスト内のタスクは軽く済ませ学習者の実生活に使えるタスクを宿題としそれを元に次週のレッスンを進めるという形をとっています。次回は宿題のフィードバックから始まります。

　今回のタスク3では教師から必要条件を提示しましたが、レディネス調査で学習者の状況を把握していたこと、当日アイスブレイクで聞いたことから、実生活でもそのまま使えるメール文ができました。後日談ですが、BBQも大成功、多くの新たな友人ができ「パパ友」達に地元の飲み屋に誘われるようになり溶け込めたとうれしそうに話してくれました。授業を学習者の日常に近づけ、学習したことがそのまま役立つように日々工夫しています。

坂：本当に徹底したオーダーメードの授業ですね。学習者のニーズ・状況の把握が、広く深く的確に行われているだけでなく、その把握に基づいて120分の授業がきっちりと構成されています。

横：15分の「アイスブレイク」ですが、「学習者の活動」「教師の活動・板書」の欄の情報を見ると、「あっという間に終わるだろうな」と分かります。この時間で、一気に学習モードに入っていきそうです。

坂：そうですね。留意点②「学習者の息子は年長組の２年目。そこで、１年目の経験をもとに、最近の保育園事情について教えてほしいというスタンスで話を聞く」という配慮、いいですね。学習者に「自分のことを話す」喜びを与えるだけでなく、それが学習者の状況を教師がより深く理解する機会にもなっています。

横：はい。このアイスブレイクの時間中に、学習者が必要としている言語行動を、さらに詳しく把握できています。その後の授業内容の方向性を決めるのに、すごく役に立ったでしょうね。

坂： タスク３ での必要条件が、「レディネス調査」と「当日アイスブレイクで聞いたこと」に基づいているので、タスクとして行うべき内容が、学習者の実生活に完全直結しています。学習者のモチベーションも、ものすごく高まっただろうと思います。それがきっと、パパ友との飲み会へとつながったのでしょうね。日本語の授業で学んだことが実生活を変える、こんな体験を学習者に与えられたら、教師は本当に幸せですね。

横：全く同感です。十分な学習者のニーズとレディネスの把握とそれに応える授業内容の工夫、これらが教室内と教室外とを結び付けている、それで、学習動機がますます高まり、日本人との交流が深まっていく、本当に素晴らしいです。私も新規の学習者となって、この先生に習い、BBQに招待されたいですっ！！

21 会話授業の教案例(50分)

作成者：あい

使用教材とクラスのレベル …… 『キャラクターで学ぶ　リアル日本語会話　—ようこそ前田ハウスへ』12課（中級）

目　標 ……………………… 言い方で変わるメッセージをつかむ【発話意図】。

学習項目 ………………… 12課「すててもいいの？」

学習者国籍 ………………… アメリカ(2名)、カナダ、イスラエル、インドネシア、メキシコ(2名)、ウクライナ、
フランス、イタリア(2名)、スウェーデン(計12名)

※事前準備:電子ホワイトボード投影用のテキスト、音声データ（学生はアルクの音声再生アプリをダウンロードしておく）
PPT：パワーポイント

時間	項目	学習者の活動	教師の活動・板書	教材	留意点
2分	タイトルから知識の活性化	・意味 ・どんな時に使う ・誰に？	「〜てもいいの？」=「〜てもいいですか」の意味、機能の確認	「リアル日本語会話」p.42 投影	文法ミスは指摘しすぎない。自由な発話を促す。
8分	マンガ①②	読んで、内容を確認 欄外の訳語も参照	【必要に応じ補足説明】 ・ところで ・年下↔年上(読み方) ・旅行のパンフレット	テキスト p.42 旅行のパンフレットの参考画像(必要に応じて)	
		全体で音声を聞く →場面・言い方から推測される違いをクラスでシェア リピート キャラのトーンでリピート ①グエン→アダム ②正子→アダム	「言いたいことは同じ？」 ②正子さんの表情、アダムの反応に注意させる	音声 12_1〜2	同じではない、ということに気がつけばOK。 音声を使用する。
8分	キャラの気持ち①②	全体で聞く→リピート 各自シャドーイング(3分) 全体でシャドーイング	【必要に応じ補足説明】 ・脅したら−脅す 巡回して、アプリの使い方をフォロー（スピード調整など）	テキスト p.43 音声 12_3 (アプリ+イヤホン)	長文は適宜切る。 棒読みにならないようにする。

12分	マンガ①②	キャラのトーンでシャドーイング ①グエン→アダム ②正子→アダム ペアでマンガの場面を練習 ・できる人はテキストを見ないで言えるまでを目指す 　+ジェスチャー、表情 発表(クラスor個別)	 巡回(顔を上げて相手を見ながら練習するよう指示) フィードバック: ・不自然に言葉を切っていないか ・語彙を正しく発音しているか *イントネーション	テキスト p.42	
8分	BrushUp1-1 BrushUp1-2	1.全体で音声を聞く 1.リピート 2.リピート （イラストを見ながら） 2.シャドーイング （イラストを見ながら） 一人ずつ確認	違いのキーワード 「許可を求める」 「プレッシャー・脅し」 *イントネーション *イントネーション 確認：時間/達成度により ・①〜④すべて ・①か②／③か④ ・ランダム当て	テキスト p.43 音声 12_4	音声は気持ちを強調しているので(特に③・④)、恥ずかしがる学生がいたら、キャラをまねして言うように助言。 例えば、③は正子さん、④はエリックの気持ちで、など。 Extra：リアクション ①・②「どうぞ」「いいよ」 ③・④「あ〜それは…」 「やだなぁ」
12分	Discussion 1 マンガ①の 3〜4コマ目	・グエン、アダムのキャラ説明 ・日本語と母語文化のコミュニケーションスタイルの似ているところ、違うところを話す	マンガ①の3〜4コマ目「ところで」以降の会話から、ディスカッションのトピックを導入〜全体でいくつか発言を聞いてから、グループで話す〜最後にクラス全体でシェア	テキスト p.42・43	どちらがいい、という話にしない。知っている範囲で話し合う。
		コミュニケーションスタイルの確認：性格、会話の相手、内容、場所 【背景として】 ・ミシェル：「そんなにていねいに話さなくても」　→　L11②　ミシェル(22)とグエン(23)は年が近い ・アダムは初対面からカジュアルな話し方　→　L1			

この授業で工夫した点・学習者の反応など

　学習者は初級を終えた中級で、学習期間は９か月以上。「～てもいい」は既習文型で、比較的使用頻度も高いので、マンガ①でのグエンの使い方はほとんどの学生が理解している。この週一回３時間の会話（やり取り）クラスでは、相手の非言語のメッセージを意識できる、話すときに非言語に気をつけることができることを到達目標としている。例えば、この課では②正子さんの「～てもいいの？」に対するアダムの反応から、許可を求める意図以外に使われていることに気付き、２種類の言い方の使い分けができるような練習を行っている。

　授業の流れは、自分の知っていたことと違う使い方があるようだ、という気付きから、それが何か、どんな意味をふくむのか、少しずつはっきりさせていけるよう意識した。マンガと音声で分かる文脈から違いに気付き、「キャラの気持ち」で発話者の意図を知る。その発話意図を意識して気持ちを乗せた発話練習（マンガ①②）を行い、Brush upで「許可を求める」「プレッシャー、脅し」という機能を明確にして、イントネーションなどの非言語で気持ちを伝える練習を行う、という流れだ。

　この授業では、各回の授業で気付いたことを書く振り返りシートと、学期末に３か月の授業での「気付き」や、今後日本語でのコミュニケーションで意識したいことをレポートにすることの２点を課題にしている。最後に言語化するため、気付きをクラス内でシェアし、言葉にする時間を作っている。

　この課での正子さんがプレッシャーをかける使い方については、同様の言い方が母語でもあることに気付く学生もいる。一方で、自分の文化ではいつも直接的に言うことに気付く学生もいる。気付いたことを、学生たちは話したくなるので、最後のDiscussionにつながる。このレベルでは週３日タスクベースの授業を行っており話す機会が多いので、会話授業では特に自分の経験や意見を話すことに慣れさせるようにしている。

教案を読んで

横：とてもユニークな教科書ですね、これは。

坂：そう思います。初級の教科書ですでに学んだ「〜てもいい」を取り上げて、「でも、別の意味で使われることもあるよ」ということに気付かせて、それを練習するという流れになっています。

横：「気付きがあったときに、習得が促進される」という考えに基づいていますね、この流れは。

坂：そうですね。「マンガ①②を読んで音声を聞く」という作業を通して、①と②が「同じではない」という気付きが生じるように導いています。そのうえで、「キャラのトーンでリピート」させることで、「こんな感じでいうのかな」という気持ちを体感させ、「キャラの気持ち」によって、その解答を提示しています。その後は、「二つの言い方の違いに注意しながら、言ってみよう」という練習ですね。

横：それから、全体を通して、「シャドーイング」する機会がふんだんに盛り込まれてますね。

坂：はい。時間的余裕がないケースが多いのですが、このクラスは「相手の非言語のメッセージを意識できること」と「話すときに非言語に気をつけることができること」を到達目標としていますので、シャドーイングをたくさん取り入れているんだと思います。

横：気持ちを乗せて発話練習することは大事だと思いますが、その練習成果を人前で「発表」するとなると、学習者によっては嫌がるケースも出てこないでしょうか。

坂：その点は配慮が必要かもしれませんね。

横：最後のDiscussionの時間では、色々な意見が出てきそうですね。

坂：そうですね。日本文化と学習者の国の文化のコミュニケーションスタイルの共通点、相違点をみんなで考えるのは良い活動ですね。さらに、文化には良いとか悪いとかいう判断基準はなく、それぞれのコミュニケーションスタイルの違いを知って、多様性を尊重するという態度で授業を行っていることは素晴らしいと思います。

オンライン授業の教案例(90分)

作成者：サックス吹き

使用教材とクラスのレベル ……『みんなの日本語　初級Ⅱ　第2版　本冊』第42課(初級後半)

目　標 ………………自分のおすすめを友達に紹介することができる。

学習項目 ………………辞書形+のに、名詞+に(用途/評価)

学習者国籍・人数 ………台湾、4名（各々パソコンやタブレットから参加。AとB(70代)はIT環境に不慣れ、C(30代)、D(20代)は問題なし）

※事前にトークルームは①と②と2つ準備しておく。基本的に使用するのは①で、②は活動で使用。
PPT：パワーポイント（自作したもの）　※画面上で投影する教材は、著作権に十分注意すること

時間	項目	学習者の活動	教師の活動・板書	教材	留意点
19:00	アイスブレイク	・最近買い物をしたか →買ったものでいちばんよかったもの、いちばんおすすめしたいものを紹介する。	・左記のテーマをチャットに入力。 ・質問や感想などの発話が出にくければ、アシストする。		・アイスブレイクの間にもWEB環境に問題がないかチェック。リカバリーが必要な場合などはこの時間で調整。 ・WEB環境の感覚をつかみ、リラックスしてもらう。 ・使えそうな内容があれば、その後の文法導入で使う。（必要なら画像をコピー）
19:08	前回の復習	・単語の確認 PPTを見て、単語を言う。 ・前回の復習 前回の導入と活動で使用したPPTを見て確認。	・PPTを画面共有 ①単語 ②前回文法の導入部の会話 ③前回の活動内容→学生自身についての発話を引きだす。	PPT	・もし画面共有に何か問題があれば、学生同士教科書を使って確認。その間に対応を講じる。
19:15	練習A-2 (用途・評価) 導入 *友達が持っているおもしろいものを見つけて質問をし、友達が説明をしてくれるという設定	①辞書形+のに ・PPT（紙芝居様のもの）を見ながら、状況設定や会話表現、文法理解に必要なキーワードを出し合う。 ・PPTの板書ページをメモ。 ②名詞+のに ・①と同様にすすめる。 ・アイスブレイクの内容をこの文法に変換する。	①辞書形+のに ・PPTを画面共有 ・左記のような今日の内容理解に必要な内容を学生から引き出す。 ・PPTの板書ページを表示。 ②名詞+のに ・①と同様にすすめる。 ・アイスブレイクの内容が使える場合は①②の途中もしくは最終確認で、この文法が使えることを引き出す。	PPT (A-2) アイスブレイク時の画像	・画面共有をしているファイルのウィンドウからは発話者しか見えないため、できる限りプラットフォームに戻り、学生の表情を確認する。 ・基本的には学習者の自発的な発話に任せるが、偏りがあればコントロール。発話が少ないことが環境的な理由なのか理解の問題なのか見極めが必要。 ・必要であれば挙手機能を利用。

時間	活動			教材	留意点
19:25	練習 （ドリル形式）	①用途 1.ものの写真・イラストを見て、名詞を答える。 2.用途を答える。 3.変換する。 ・全体で一度行った後、2回目を行う。2回目の発話形式は学生の状況を見て対応する。	①用途 1.ものの写真・イラストを見せ、名詞を確認。 2.用途を聞く。 3.変換する。 ・1・2は全体に質問、3は最初は全体に、途中から個人に質問→全体でリピート ・適応が速く、2の質問をした時点でターゲット文法を使った発話が出て来た場合は2段階での練習にする。 【画面共有オフ】	ドリル PPT	・対面授業のように近くの友達に小声で頼ったりすることが難しいため、①できるだけ細かく段階を踏む、②チャット欄を有効活用する、③できるだけ全体に質問するなど、学習ストレスを軽減することに留意する。 ・そのうえで大丈夫そうであれば、発話のプロセスを少なくする、同時発話人数を減らすなど、臨機応変に対応する。
	練習B-5	・教科書を開く 1.全体で例文を読む。 2.個人当て→全体でリピート ↓ ・ドリルで使ったPPTを使用し、同様の会話を行う。	・チャット欄に教科書ページを入力する。 ・教科書を読む。 ↓ 【画面共有オン】 ・ドリルのPPTを使って同様の会話を行う。	教科書 ドリル PPT	・教師から教科書が見えないため、きちんと開けているか注意する。 ・画面共有オフを忘れない。
19:40	練習 （ドリル形式）	②評価 ・練習の進め方等は①と同様	②評価 ・練習の進め方等は①と同様 【画面共有オフ】	PPT	・基本的な留意点は①と同様。
	練習B-6	・練習の進め方等は①と同様 ↓ ・B-6が2人(AとB)の会話形式になっているので、それを利用し、文脈理解の練習。（1）Aさんの発話（例：ここは駅から遠いですね）が空欄、Bさんの発話（ドリル部分：会社に通います/不便です）だけ書かれたものを提示。（2）Aさん部分の発話を考え、思い浮かんだ人が答える→それを全体でリピートする。	・練習の進め方等は①と同様 ↓ 【画面共有オン】 ・PPTを使い、Bさん部分はドリルの内容、Aさん部分を考えることを伝える。 ・ドリルの内容をBさんの発話に変換するよう指示 ・Aさん部分をどうすればいいか全体に質問する。	教科書 練習指示のPPT ドリル PPT	

19:55	活動 〈タスク1〉 *ペアワーク *用途・評価 総合練習	A ・便利用品・発明品の写真を見ながら、どんなものなのかを予想する。 ・会話例を読み、練習内容を確認する。 ・1枚の写真を例にとり、学習者C、Dにやってもらう。 ↓ ・学習者C、Dはトークルーム②に移動。 ・学習者A、Bはそのままトークルーム①で練習開始。	・ハンドアウトを画面共有 ・便利用品・発明品の写真であることを説明し、どんなものなのかを一緒に確認する。 ・会話例を読ませ、練習内容が伝わっているか確認をする。 【画面共有オフ】 ↓ ・学習者C、Dにトークルーム②に移動するよう指示。何かシステム上の問題があればすぐに連絡するように伝える。 ・学習者A、Bの様子を見て、練習がうまく進んできたところで、教師はトークルーム②へ。その後はトークルーム①と②を行き来しながら状況を確認。	ハンドアウト① （写真やイラスト、会話例）	・ハンドアウト①②は事前に学習者に送付してあるので、それぞれがきちんと準備ができているか確認する。 ・ハンドアウト①の写真は多めに準備しているため、必ずしも全部使わなければならないわけではなく、無理をせず、それぞれのペースで進めるように伝える。 ・練習内容の確認は特にトークルーム②に移動してもらう学習者C、Dが理解できているかに留意する。
20:05 〜 20:10 頃	活動 〈タスク2〉 *ペアワーク *用途・評価 総合練習	・ハンドアウト②を準備し、タスクを行う。 ↓ ・学習者C、Dは20：20になったらトークルーム①に戻る。 ↓ 1人がおすすめ品の絵を持ち、他の3人が質問する形で会話。	・トークルーム②でハンドアウト②に自分のおすすめのものの絵を描き、タスク1を元に自由に会話をすることを伝える。相手に見やすいように、大きく描くように伝える。 ・20：20にトークルーム①に戻るように伝える。 ・トークルーム①で同様の指示をする。 ↓ C、Dが戻ってきたところで発表の指示をする。	ハンドアウト② （学習者の書き込み）	・時間が余りそうな場合はここでおすすめしたいものを増やし、調整する。 ・学習者C、Dが戻る時間が近くなったら、気にかけておく。活動に集中して戻ってこない場合は呼びに行く。 ・自由度を高めているので、アイスブレイクで話した商品を使ってもいいことをアドバイスし、また、難しそうであれば、タスク1で使った写真をそのまま使ってもいいことを必要に応じて伝える。
20:28	クロージング	・質問があればする。 ・宿題の確認	・まとめ ・質問がないか確認する。 ・今日の宿題の確認。スクリーンショットもしくは写真を教師に送るように指示する。		

この授業で工夫した点・学習者の反応など

　このクラスはもともと対面授業でしたが、感染症の拡大により、急遽オンライン授業に変更することになりました。そこまでIT環境が整っているわけでもなく、利用できるソースも限られている中でどうクラス運営をするか、また、ITに強くない方もいる中で学習ストレスをどう軽減するか、そして、一方向になりがちな発話練習をどう双方向コミュニケーションにつなげるかに重点を置いて授業をしました。

　オンライン会議ツールは同じトークルームが継続的に使用でき、チャット欄が残るものを選びました。それにより、毎回URLが変わる、授業が終わるとメモが見えなくなってしまう、といったこと

がなく、ITが苦手な方の負担が軽減できました。

　学習ストレスの面では、①慣れないIT環境で授業をすること、②学習者同士が小声で質問したり、助け合ったりすることができないこと、③お互いの言語外情報がキャッチできないことなど、多くの環境ストレスが考えられました。まずはアイスブレイクの時間を多めに取り、オンライン環境での発話に慣れてもらうことで緊張感がほぐれたようです。また、教師から個人に当てる時間をできるだけ減らし、全体への質問や全体リピートの時間を増やしました。全体への質問を細かく増やすことで、教師・学習者間、学習者同士の双方向のコミュニケーションが予想よりも増えました。もともと発話には積極的で明るい学生が多いクラスだったこと、学生同士の信頼関係がすでに築けていたこともあり、とにかくみんなで声を出すことで一体感が感じられ、安心もできたようです。自分が答えられるところは積極的に答えるという姿勢も見られ、覚えていない単語などがあれば、遠慮なく聞ける雰囲気ができたのはよかったです。トークルームを分けることで、教師の目がない時間も作ることができ、学生同士のコミュニケーションの時間も作れました。IT環境に慣れてきたら、ペアの変更もできたらと思います。

　また、オンライン環境はデメリットばかりではなく、すぐにインターネット情報が得られ、共有できるというメリットもあります。この授業の中では、アイスブレイクや活動で気になった商品をネット検索してすぐに共有できたことで、学生同士の会話が自然と増えました。

教案を読んで

横：構造シラバスの教科書を使用しながら、授業の目標を「自分のおすすめを友達に紹介することができる」というCan-doで設定していますね。

坂：そうですね。そのことで、授業全体が「『辞書形＋のに／名詞＋に』のマスター」ではなく、「自分のおすすめを友達に紹介できるようになること」を目指した構成になっています。

横：オンライン授業ならではの数多くの工夫がなされていますよね、画面共有のオンオフやメインルームからトークルームへの移動等。

坂：はい。アイスブレイクの部分は、対面授業だったら「雑談」のような位置付けかと思うのですが、さりげなくWeb環境をチェックしながら、学習者がリラックスするための時間となっています。

横：それから、学習者の多様性、特にIT環境への慣れ／不慣れへの対応がとても丁寧になされていますね。

坂：トークルームでは、20代・30代の学習者にリーダー的役割を与えることで、70代の学習者2名の負担を減らしていますよね。

横：「テーマをチャットに入力」とありますが、70代の学習者２名にとっては、小さい字が見えにくいということはありませんか。

坂：その場合は、パワーポイントなどで字を大きくして見せる配慮が必要ですね。

横：オンライン授業だと、学習者は教師と１対１で授業を受けている感覚になりがちなのですが、それに対して、できるだけ全体に質問するなど、学習ストレスを軽減することに留意する配慮がなされています。色々な配慮がなされていて、学習者はうれしいでしょうね。

坂：そう思います。これから先も、オンラインによる日本語授業の機会が増えていきそうです。私たち日本語教師は、ICTの進歩にもできる範囲で目を配り、オンライン授業の質をどうやって高めていったらいいのか探求していく必要がありますね。

参考文献リスト

阿野幸一 (2011)「なぜ教案を書く必要があるのか―『毎日の教案』のすすめ」『英語教育』4月号、大修館書店、pp.10-12.

阿野幸一・太田洋 (2011)『日々の英語授業にひと工夫』大修館書店

小田切由香子 (2011)「他教科の教案を拝見・日本語教育の場合："Organized well !"と言わせるための教案」『英語教育』4月号、大修館書店、pp.34-35.

川口義一・横溝紳一郎 (2005)『成長する教師のための日本語教育ガイドブック 上巻』ひつじ書房

河野俊之・小河原義朗 (2006)『日本語教師のための「授業力」を磨く30のテーマ』アルク

アルクキッズ英語編集部 (2014) アルク児童英語教師養成コース『実践力をつけるためのレッスンプラン作成ガイド1』第2版、アルク

教育実習を考える会編 (1995)『実践「教育実習」―学習指導案づくりと授業実習・記録の要点増補版』蒼丘書林

教育実習を考える会編 (2011)『教育実習生のための学習指導案作成教本 英語科改訂版』蒼丘書林

肥沼則明 (2011)「教案には何を書くか、書かないか―達人の教案拝見」『英語教育』4月号、大修館書店、pp.13-16.

小寺茂明・吉田晴世 (2005)『英語教育の基礎知識：教科教育法の理論と実践』大修館書店

小橋雅彦 (2011)「英語科で教案を共有するために」『英語教育』4月号、大修館書店、pp.20-23

坂本正 (1997)「教案を書こう！」『月刊日本語』12月号、アルク、pp.22-32.

坂本正・大塚容子 (2002)『NAFL日本語教師養成プログラム18 日本語教育実習』初版、アルク

瀧沢広人 (2015)『スペシャリスト直伝！中学校英語授業成功の極意』明治図書出版

田尻悟郎 (2014)『田尻悟郎の英語教科書本文活用術！―知的で楽しい活動＆トレーニング集―』教育出版

中嶋洋一 (2013)『授業で使える教材集III』関西外国語大学中嶋ゼミ制作

日臺滋之 (2011)「ALTとのティーム・ティーチングの教案をどう作るか」『英語教育』4月号、大修館書店、pp.17-19.

本多敏幸 (2011)『若手英語教師のためのよい授業を作る30章』教育出版

三浦省五・深澤清治 (2009)『新しい学びを拓く英語科授業の理論と実践』ミネルヴァ書房

米山朝二・杉山敏・多田茂 (2013)『新版 英語科教育実習ハンドブック』大修館書店

リチャーズ, ジャック C.・ロックハート, チャールズ (2000)『英語教育のアクション・リサーチ』新里眞男訳、研究社出版

Purgason, K. B. (1991) Planning lessons and units. In M. Celce-Murcia (ed.), *Teaching English as a Second or Foreign Language (2nd ed.)* (pp.419-431). Boston, MA: Heinle & Heinle Publishers.

監修・著者紹介

横溝　紳一郎（よこみぞ　しんいちろう）

ハワイ大学大学院より修士（MA）および博士号（Ph.D.）取得。元日本語教育学会理事。現在、西南学院大学外国語学部教授として、日本語教員養成プログラムのデザイン・運営を行っている。国内外での日本語教育・教師教育に関する講演／研修のほか、在住の博多地区でも、小学校・中学校・高等学校の先生方に英語教育に関する指導助言を行う等、さまざまな教育活動に積極的に関わっている。主な著書に『日本語教師教育学』（くろしお出版）、『クラスルーム運営』（くろしお出版）、『ドリルの鉄人─コミュニカティブなドリルからロールプレイへ─』（アルク）、『日本語教師のためのアクション・リサーチ』（凡人社）、『今さら聞けない日本語教師塾：日本語教師の役割＝「やる気」を引き出す！（DVD）』（凡人社）、『日本語教師のためのアクティブ・ラーニング』（共著、くろしお出版）、『生徒の心に火をつける─英語教師田尻悟郎の挑戦─』（共著、教育出版）、『成長する教師のための日本語教育ガイドブック 上・下巻』（共著、ひつじ書房）などがある。

坂本　正（さかもと　ただし）

ウィスコンシン大学大学院より修士号（M.A.）、ボストン大学大学院より博士号（Ed.D.）を取得。前第二言語習得研究会会長。元日本語教育学会副会長。南山大学名誉教授、名古屋外国語大学名誉教授・特任教授、愛知国際学院相談役。主な著書に『学習者の発想による日本語表現文型例文集─初級後半から中級にかけて』（凡人社）、『速読用の文化エピソード：日本語中級用』（共著、凡人社）、NAFL Institute 日本語教師養成通信講座『日本語教育実習』（共著、アルク）、『総合的日本語教育を求めて』（共著、図書刊行会）、『プロフィシェンシーと日本語教育』（共著、ひつじ書房）、『どんどん使える！日本語文型トレーニング　初級』（監修、凡人社）、『どんどん使える！日本語文型トレーニング 中級』（監修、凡人社）、『日本語教育の新しい地平を開く』（共著、ひつじ書房）、『日本語教育への道しるべ』全4巻シリーズ（監修・共著、凡人社）、『4技能でひろがる 中級日本語カルテット Ⅰ、Ⅱ』（監修、the japan times）『オンライン授業で使える日本語活動集90』（監修、コスモピア）、『にほんご絵じてん』（監修、コスモピア）などがある。

教案作成者
（50音順）

会田　貴子	小山　暁子	竹内　晶子	中川　佳子
市川　久美子	惟任　将彦	多田　道夫	長崎　清美
岩城　美也子	佐久間　みのり	田中　美和子	二宮　大地
上谷　崇之	鈴木　英子	辻　亜希子	深江　新太郎
江森　悦子	妹川　幸代	徳田　淳子	望月　雅美
笠原　一枝	世戸口　薫	富田　麻知子	山口　直子

今すぐ役立つ！
日本語授業　教案の作り方

発　行　日 ● 2024年2月26日（初版）

監修・著 ● 横溝紳一郎、坂本 正

編　　　集 ● 株式会社アルク 日本語編集部
編集協力 ● 青山美佳、植松 恵、今野咲恵
装　　　丁 ● 早坂美香（SHURIKEN Graphic）
本文デザイン・DTP ● 株式会社アレマ
カバー・表紙イラスト ● 岡村伊都
似顔絵イラスト ● 横井和子
その他イラスト ● たくわかつし

印刷・製本 ● 日経印刷株式会社
発　行　者 ● 天野智之
発　行　所 ● 株式会社アルク
　　　　　　　〒102-0073　東京都千代田区九段北4-2-6 市ヶ谷ビル
　　　　　　　Website：https://www.alc.co.jp/

地球人ネットワークを創る

アルクのシンボル
「地球人マーク」です。

教案例 1 – 22

教 材

アルク

1 総合教科書の教案例の教材

出典 （上下とも）:『みんなの日本語 初級Ⅰ 第2版 本冊』7課（株式会社スリーエーネットワーク）
鶴尾能子、石沢弘子監／スリーエーネットワーク編著／イラスト：佐藤夏枝、向井直子

練習C

1. A： これは 日本語で 何ですか。
   B： 「はさみ」です。
   A： 「は・さ・み」ですか。
   B： はい、そうです。

練習B

2. 例： → これは 日本語で 何ですか。
   ↓ …… 「パソコン」です。
   　　1）→　　　2）→　　　3）→　　　4）→

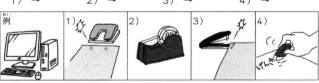

2 総合教科書の教案例の教材

- 出典 （2ページ）：『みんなの日本語 初級Ⅱ 第2版 本冊』39課（株式会社スリーエーネットワーク）
  鶴尾能子、石沢弘子監／スリーエーネットワーク編著／イラスト：佐藤夏枝、柴野和香、
  向井直子
- 出典 （3ページ）：『みんなの日本語 初級Ⅱ 導入・練習イラスト集』（株式会社スリーエーネットワーク）
  飯島ひとみ、芝薫、高本佳代子、村上まさみ著／イラスト：向井直子

練習B

4. 例：お寺が 焼けました → 火事で お寺が 焼けました。
   1) 古い ビルが 倒れました →
   2) 人が 大勢 死にました →
   3) 交通が 止まりました →
   4) 電気が 消えました →

6. 例：きょうは 妻の 誕生日です・花を 買って 帰ります
      → きょうは 妻の 誕生日なので、花を 買って 帰ります。
   1) 電気代が 高いです・エアコンを つけません →
   2) この 辺の海は 汚いです・泳がない ほうが いいです →
   3) この カメラは 操作が 簡単です・だれでも 使えます →
   4) 日曜日でした・電車が すいて いました →

8. 例：会議に 間に 合いましたか。（雪・新幹線が 止まりました）
      → いいえ。 雪で 新幹線が 止まったので、間に
        合いませんでした。
   1) この 道、通れますか。（台風・木が 倒れました） →
   2) 試験は できましたか。
        （インフルエンザ・1週間 勉強しませんでした） →
   3) コンサートは ありますか。（きのうの 雨と 雷・会場が
        使えません） →
   4) 試合に 出ましたか。（事故・けがを しました） →

59番

① 台風
（たいふう）

② 雪
（ゆき）

③ 地震
（じしん）

④ 火事
（かじ）

⑤ 事故
（じこ）

⑥ 病気
（びょうき）

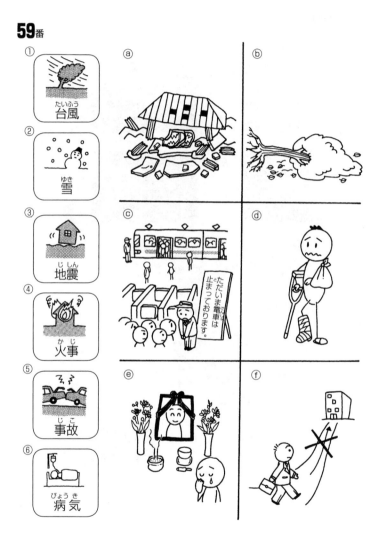

ⓐ

ⓑ

ⓒ ただいま電車は止まっております。

ⓓ

ⓔ

ⓕ

3

3 総合教科書の教案例の教材

出典 （4〜6ページ）：『みんなの日本語 初級Ⅱ 第2版 本冊』26課
（株式会社スリーエーネットワーク）
鶴尾能子、石沢弘子監／スリーエーネットワーク編著／イラスト：佐藤夏枝、柴野和香、
向井直子

練習A

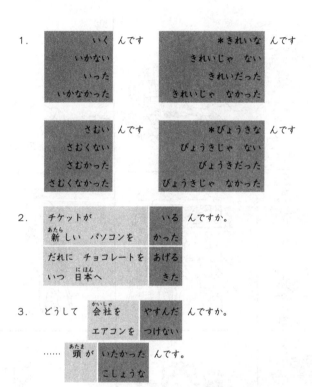

1.
いく んです	*きれいな んです
いかない	きれいじゃ ない
いった	きれいだった
いかなかった	きれいじゃ なかった

さむい んです	*びょうきな んです
さむくない	びょうきじゃ ない
さむかった	びょうきだった
さむくなかった	びょうきじゃ なかった

2.
チケットが	いる んですか。
新しい パソコンを	かった
だれに チョコレートを	あげる
いつ 日本へ	きた

3. どうして
会社を	やすんだ んですか。
エアコンを	つけない

…… 頭が
いたかった んです。
こしょうな

4. わたしは 運動会に 行きません。
用事が	ある んです。
都合が	わるい

4

練習B

1. 例：雨が 降って います → 雨が 降って いるんですか。

↓　1）山へ 行きます →
　　2）エレベーターに 乗りません →
　　3）シュミットさんが 作りました →
　　4）眠いです →

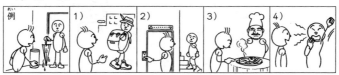

2. 例：いい かばんです・どこで 買いましたか（フリーマーケット）
　　　　→ いい かばんですね。 どこで 買ったんですか。
　　　　……フリーマーケットで 買いました。
　　1）きれいな 写真です・どこで 撮りましたか（金閣寺）→
　　2）おもしろい 絵です・だれが かきましたか（カリナさん）→
　　3）ずいぶん にぎやかです・何を やって いますか（盆踊りの 練習）→
　　4）日本語が 上手です・どのくらい 勉強しましたか（2年）→

3. 例：→ どう したんですか。

↓　　　　……頭が 痛いんです。
　　1）→　　　2）→　　　3）→　　　4）→

4. 例：会社を やめます（父の 仕事を 手伝います）
　　　　→ どうして 会社を やめるんですか。
　　　　……父の 仕事を 手伝うんです。
　　1）引っ越しします（今の うちは 狭いです）→
　　2）ケーキを 食べません（ダイエットを して います）→
　　3）会議に 間に 合いませんでした（新幹線が 遅れました）→
　　4）早く 帰ります（きょうは 妻の 誕生日です）→

5

練習C

1. A： ①お花見は　どうでしたか。
   B： とても　楽しかったです。
   　　 どうして　来なかったんですか。
   A： ②忙しかったんです。

   1) ① 盆踊り
   　　 ② ちょっと　用事が　ありました
   2) ① 運動会
   　　 ② 体の　調子が　悪かったです

2. A： すてきな　①帽子ですね。　どこで　買ったんですか。
   B： これですか。　エドヤストアで　買いました。
   A： すみませんが、②店の　場所を　教えて　いただけませんか。
   　　 わたしも　そんな　①帽子を
   　　 探して　いるんです。
   B： ええ、いいですよ。

   1) ① かばん
   　　 ② 店の　地図を　かきます
   2) ① 靴
   　　 ② 一度　いっしょに　行きます

4 総合教科書の教案例の教材

出典　(7~8ページ):『日本語初級１大地　メインテキスト』9課 (株式会社スリーエーネットワーク)
山﨑佳子、石井怜子、佐々木薫、高橋美和子、町田恵子著／イラスト：内山洋見
出典　(9ページ):『日本語初級１大地　文型説明と翻訳　英語版』(株式会社スリーエーネットワーク)
山﨑佳子、石井怜子、佐々木薫、高橋美和子、町田恵子著／イラスト：内山洋見

1-1.

わたしは 果物が 好きです。

例)　1)　2)　3)　4)　5)　(　　)

1-2.　🎤　A：甘い ものが 好きですか。　　B：(いいえ、嫌いです。)

	○はい、～	△いいえ、あまり～		×いいえ、～	
	(B)さん	(　)さん		(　)さん	(　)さん
例) 甘い もの	×		3) 猫		
1) 野菜			4) 掃除		
2) 漫画			5) (　　)		

1-3.

A：(B) さんは どんな スポーツが 好きですか。
B：(テニス) が 好きです。

A1：そうですか。わたしも 好きです。
B　：じゃ、今度 一緒に
　　(し) ませんか。
A1：いいですね。

A2：そうですか。
　　わたしは
　　(サッカー) が
　　好きです。

例)　1)　2)　3)

1-4.

A：(B) さんの（お姉さん）は 料理が 上手ですか。

はい　　　　　　　　いいえ

B1：はい、上手です。
A1：どんな 料理を 作りますか。
B1：（魚の 料理）を 作ります。

B2：いいえ、上手じゃ
　　　ありません。
A2：そうですか。

例）料理　　1）絵　　2）歌
3）ゲーム　　4）（　　　）

Language and Culture Information

スポーツ・映画・音楽 Sports/Movies/Music

1. スポーツ Sports

サッカー　　　　ラグビー　　　　野球　　　　　クリケット

バレーボール　　バスケットボール　ピンポン／卓球　ボウリング

サーフィン　　　スノーボード　　　スキー　　　　スケート

2. 映画 Movies

ミステリー mystery　　　ラブストーリー love story　　アニメ animation
サスペンス suspense　　　ミュージカル musical　　コメディー comedy
ファンタジー fantasy　　　ドキュメンタリー documentary
ホラー horror

3. 音楽 Music

クラシック classic　　　ロック rock　　　ラップ rap　　　ジャズ jazz
Ｊ-ポップ J-pop, Japanese pop music　　演歌 enka, traditional J-pop

5 総合教科書の教案例の教材

出典 （10〜11ページ）：
『改訂版 毎日使えて しっかり身につく はじめよう日本語初級2 メインテキスト』16課
（株式会社スリーエーネットワーク）
TIJ東京日本語研修所 広瀬万里子、佐々木真佐子、西野敦子、渡部尚子著／
イラスト：坂本三千代
※本テキストの教師用指導書として『はじめよう日本語初級2授業の進め方』が発行されています。

富士山へ 行こうと 思っています
今度の休みにすることを話しましょう。

（はじめに）
・みなさんの国の人は夏休みや連休にどんなことをしますか。
・今度の休みに、何か予定がありますか。

会 話 A-52

周： 今度の 連休は どこかへ 行きますか。
王： ええ、富士山へ 行こうと 思っています。
周： えっ、登るんですか。
王： ええ。
周： へえ。だれと 行くんですか。
王： ロバートさんと 行こうと 思っています。
周： そうですか。

練習 1 今度の休みの予定を言いましょう。

言いましょう

例　映画を　見ようと　思っています。

話しましょう

例　A：今度の　休みは　何を　しますか。
　　B：映画を　見ようと　思っています。

CDを聞きましょう A−53

例（映画を見よう）と思っています。

1（　　　　　　　　　　　　　）と思っています。
2（　　　　　　　　　　　　　）と思っています。

映画を見る　　国へ帰る　　海水浴に行く　　富士山に登る　　アルバイトをさがす
勉強をする　　〜へ行く　　スキーをする　　キャンプをする

6 総合教科書の教案例の教材

出典 (12ページ)：『文化初級日本語Ⅱ テキスト 改訂版』27課
（文化外国語専門学校発行／株式会社凡人社発売）
文化外国語専門学校 日本語科編著／イラスト：水野あきら、深田みのり、大野春見、ほか

出典 (13ページ)：『文化初級日本語Ⅱ 練習問題集 改訂版』27課
（文化外国語専門学校発行／株式会社凡人社発売）
文化外国語専門学校 日本語科編著／イラスト：水野あきら、深田みのり、大野春見、ほか

文型

5 もう読んでしまいました。

1) 日曜日に友達とハイキングに行く約束をしたので、
土曜日に全部宿題をしてしまうつもりです。

2) （学生会館で）
京子：「消えたダイヤ」のDVDを借りたんだけど、
私の部屋でいっしょに見ない？
ワン：うん、見る。この手紙を書いてしまったら行くから、ちょっと待って。

3) A：もうすぐ3時ですね。休憩しませんか。
B：そうですね。でも、もうちょっとだから、やってしまいましょう。

V − 文型 5 正しいものに○をつけなさい。

1. 明日ディズニーランドに行くので、

今日宿題を
- a. 全部してみる
- b. 全部している
- c. 全部してしまう

つもりです。

2. A：そのまんが、おもしろそうですね。

B：ええ、おもしろかったですよ。

私はもう
- a. 読んでしまいました
- b. 読んでしまって
- c. 読みます

から、貸しましょうか。

3. A：すみません、ちょっと手伝ってくれませんか。

B：はい。このメールを
- a. 書いてみたら、
- b. 書いておいたら、
- c. 書いてしまったら、

すぐ行きます。

4. 願書の締切りを忘れないように
- a. メモしてしまいます。
- b. メモしてみます。
- c. メモしておきます。

13

出典 『できる日本語 初級 本冊』6課（株式会社アルク）
嶋田和子監／できる日本語教材開発プロジェクト、澤田尚美、高見彩子、立原雅子、
濱谷愛著／イラスト：岡村伊都

言ってみよう

1

例) A：今晩、一緒にご飯を食べませんか。

B：いいですね。食べましょう。

B：ああ、今晩ですか。すみません。
今晩はちょっと……。

例 今晩・ご飯
① 今週の金曜日・映画　　② 来週の日曜日・サッカー
③ 夏休み・富士山　　　　④ 今月の20日・コンサート

2

例) A：今晩、カラオケに行きませんか。
B：ああ、今晩ですか。すみません。
今晩はちょっと……。用事がありますから。
A：ああ、そうですか。残念です。じゃ、また今度。

例 A：今晩・カラオケ
　 B：今晩／用事
① A：夏休み・旅行
　 B：夏休み／アルバイト
② A：あさって・バーベキュー
　 B：あさって／月曜日・テスト
③ A：週末・買い物
　 B：週末／用事
④ A：来月の15日・ドライブ
　 B：来月の15日／約束

8 総合教科書の教案例の教材

出典 『できる日本語 初中級 本冊』3課（株式会社アルク）
嶋田和子監／できる日本語教材開発プロジェクト、澤田尚美、高見彩子、有山優樹、
落合知春、立原雅子、西川幸人、濱谷愛、森節子著／イラスト：岡村伊都

教室でできる！

近所の人や卒業生などを教室に呼んで、今の仕事や学校生活についてインタビューして
みましょう。

9 総合教科書の教案例の教材

出典 （上下とも）：『できる日本語　中級　本冊』6課（株式会社アルク）
嶋田和子監／できる日本語教材開発プロジェクト、山口知才子、高見彩子、澤田尚美、
小川道子、日下倫子、酒井祥子、永田晶子、西川幸人、林英子、森節子著

チャレンジ！

1 見つけた！

友達と博物館に来ています。「日本の国土と気候」のコーナーで説明を読んでいます。

日本の国土と気候

　　日本は南北に長い島で、周りを海に囲まれています。山林が国土の約3分の2を占め、地形が複雑で気候もさまざまです。ほとんどの地域は温帯に位置し、6月から9月にかけては雨が多く蒸し暑い日が続きます。

　　冬は太平洋側は晴れる日が多く乾燥した日が続きますが、日本海側は曇りがちの日が続き、大雪が降りやすくなります。南北に長いため、北海道に比べて沖縄では平均気温が15度も高い年があります。

- 1．日本の国土のどのくらいが山林ですか。
- 2．冬の日本海側はどんな天気ですか。
- ■ あなたの国と日本の気候はどのように違いますか。

使ってみよう やってみよう

1 使ってみよう

1．〜に囲まれている／〜に囲まれた　[N＋に囲まれている]
① 日本は南北に長い島で、周りを海に囲まれています。
② 花と緑に囲まれた小さなペンションが並んでいます。

2．（〜が）〜を占める／〜が占める　[N＋を占める]
① 日本は山林が国土の約3分の2を占めている。
② この会社で外国人が占める割合は40％です。

3．〜がち　[V-マス形／N＋がち]
① 日本海側は冬は曇りがちの日が続き、大雪が降りやすい。
② 雪が降ると、電車が遅れがちだ。
③ 彼女は「この席は空いていますか」と遠慮がちに言った。

10 総合教科書の教案例の教材

出典 （17〜19ページ）：『テーマ別 中級から学ぶ日本語』5課（改訂版／第34刷）
（株式会社研究社）
荒井礼子、太田純子、亀田美保、木川和子、桑原直子、長田龍典、松田浩志著

新しい言葉

気が合う	仲間（なかま）	おしゃべりナ
もの	ある〜	皮（かわ）
むく	包丁（ほうちょう）	片手（かたて）
止（と）まる	すっかり	結局（けっきょく）
おかしい	当（あ）たり前（まえ）	理由（りゆう）
ただ	変（へん）ナ	口（くち）にする
旅（たび）スル	土地（とち）	知（し）り合（あ）い[←知り合う]
片言（かたこと）	一杯（いっぱい）	返（かえ）ってくる
つく	囲（かこ）む	特別（とくべつ）ナ・ニ
努力（どりょく）スル		

いっしょに考えましょう

1. 好きな料理を五つ、きらいな料理を三つ教えてください。
2. どこで、だれと、どんなものを食べるとき、一番おいしいと思いますか。
3. あまりおいしくないと思うのは、どんなときですか。
4. 外国（たとえば日本）の料理で、皆さんの国の料理と同じものを使っているの
   に、料理のし方が違うと思ったものがありますか。
5. 皆さんの国にしかない食べ方や食べ物があれば説明してください。

✋ 使いましょう

A-1 「～ものだ」という言葉を練習しましょう。

例: 食事のとき、話をする。

→ 食事のときは、<u>みんなで楽しく話をする</u>ものです。

→ 食事のときは、<u>話はし</u>ないものです。

1. プレゼントは、くれた人の目の前であける。

→ プレゼントは、＿＿＿＿＿＿＿＿ものです。

→ プレゼントは、＿＿＿＿＿＿＿＿ないものです。

2. 結婚式では、黒い服を着る。

→ 結婚式では、＿＿＿＿＿＿＿＿ものです。

→ 結婚式では、＿＿＿＿＿＿＿＿ないものです。

3. おふろは、朝入る。

→ おふろは、＿＿＿＿＿＿＿＿ものです。

→ おふろは、＿＿＿＿＿＿＿＿ないものです。

4. すきやきを作るとき、肉を先に入れる。

→ すきやきを作るとき、＿＿＿＿＿＿＿＿ものです。

→ すきやきを作るとき、＿＿＿＿＿＿＿＿ないものです。

5. 歯は、ごはんの前にみがく。

→ 歯は、＿＿＿＿＿＿＿＿ものです。

→ 歯は、＿＿＿＿＿＿＿＿ないものです。

A-2 例: 「トマトの皮のような小さいことでも<u>いろいろ違う</u>ものですね」

1. 「へえ、三か月でずいぶん＿＿＿＿＿＿＿＿ものですね」

2. 「野球を初めてやってみましたが、ずいぶん＿＿＿＿＿＿＿＿ものですね」

3. 「前は、あまり家もなかったのに、ずいぶん＿＿＿＿＿＿＿＿ものですね」

4. 「この前会ったときは、まだ小さかったのに、ずいぶん＿＿＿＿＿＿＿＿ものですね」

5. 「きのう買ったビール、もうなくなったんですか。ずいぶん＿＿＿＿＿＿＿＿ものですね」

[たべる]

　気の合う仲間が集まって、おしゃべりをしながら一緒に飲んだり食べたりするのは楽しいものだ。あるとき、こんなことがあった。みんなで料理を作っているとき、一人がトマトの皮をむいてお皿に並べ始めた。するとほかの人が「あなた、トマトは皮をむかないものよ」と言った。

5　そう言いながら、その人は包丁片手にキュウリの皮をむいている。「あら、私の家ではキュウリの皮はむかないわ」とトマトの皮をむいた人は言う。それからしばらく、むく、むかない、どちらが正しい、正しくないと、みんなが言い始めて、料理の手はすっかり止まってしまった。結局「こんな小さなことでもいろいろ違うものね」で、この騒ぎは終わっ

10　た。

　自分の今までやってきた食べ方、料理のし方と違えば、少しおかしいと思うのは当たり前のことだが、その理由をよく考えてみると、ただ慣れていないだけということが多い。最初は変だと思っても口にしてみると、思っていたよりおいしかったということもよくある。

15　世界中を旅している人に、どうしたらその土地の人と知り合いになれるのかと聞いてみると、「片言でもいいから、そこの人たちの言葉を話し、一緒におなか一杯食べ、飲むことだ」という答えが返ってきた。世界は広いのだから、トマトの皮をむく人もむかない人もいる。皮がついているかいないかは問題ではなく、それよりも、同じテーブルを囲んで、

20　飲み、食べ、一緒に笑うことが大切だ。そうすれば、特別な努力をしなくても、いい友達を作ることができるということなのだろう。

合　仲　皮　皿　包　局　*当　*初　*中　*旅　杯　囲　笑　特
別　努　力　達

11 地域日本語教室の教案例の教材

出典 『日本語初級１大地 メインテキスト』18課（株式会社スリーエーネットワーク）
山崎佳子、石井怜子、佐々木薫、高橋美和子、町田恵子著／イラスト：内山洋見

2-1. 着物を 着た ことが あります。

---

12 地域日本語教室の教案例の教材

出典 （20ページ）：『みんなの日本語 初級Ⅰ 第２版 本冊』18課（株式会社スリーエーネットワーク）
株式会社スリーエーネットワーク編著

出典 （21〜23ページ）：『みんなの日本語 初級Ⅱ 第２版 本冊』27課（株式会社スリーエーネットワーク）
株式会社スリーエーネットワーク編著

文 型

1. ミラーさんは 漢字を 読む ことが できます。
2. わたしの 趣味は 映画を 見る ことです。
3. 寝る まえに、日記を 書きます。

例 文

1. 車の 運転が できますか。
   ……はい、できます。

2. マリアさんは 自転車に 乗る ことが できますか。
   ……いいえ、できません。

3. 大阪城は 何時まで 見学が できますか。
   ……5時までです。

4. カードで 払う ことが できますか。
   ……すみませんが、現金で お願いします。

練習A

1.

I				可能		
	うた	い	ます	うた	え	ます
	ひ	き	ます	ひ	け	ます
	およ	ぎ	ます	およ	げ	ます
	なお	し	ます	なお	せ	ます
	も	ち	ます	も	て	ます
	あそ	び	ます	あそ	べ	ます
	よ	み	ます	よ	め	ます
	はし	り	ます	はし	れ	ます

II			可能		
	しらべ	ます	しらべ	られ	ます
	おぼえ	ます	おぼえ	られ	ます
	おり	ます	おり	られ	ます

III			可能		
	き	ます	こられ	ます
	し	ます	*でき	ます

2. わたしは　はし　が　つかえます。
さしみ　たべられます。

3. 2階から　はなび　が　みえます。
隣の　部屋から　こえ　きこえます。

4. 新しい　いえ　が　できました。
ばんごはん

5. わたしは　ひらがな　しか　わかりません。
日本語が　すこし　はなせません。
きのう　日本語を　1じかん　べんきょうしませんでした。

6. サッカー　は　します　が、　やきゅう　は　しません。
ひらがな　かけます　かんじ　かけません。
やま　みえます　うみ　みえません。

練習B

1. 例： 日本料理を 作ります → 日本料理が 作れます。
   1) 漢字を 読みます →
   2) 自転車を 修理します →
   3) 一人で 着物を 着ます →
   4) どこでも 一人で 行きます →

2. 例： あまり 食べません・おなかの 調子が 悪いです
   → あまり 食べられません。 おなかの 調子が 悪いんです。
   1) パソコンを 買いません・お金が 足りません →
   2) 走りません・足が 痛いです →
   3) あしたは 来ません・ちょっと 用事が あります →
   4) よく 寝ません・家族の ことが 心配です →

3. 例： どこで 安い チケットを 買いますか（コンビニ）
   → どこで 安い チケットが 買えますか。
   ……コンビニで 買えます。
   1) どこで 時刻表を もらいますか（駅） →
   2) 何日 本を 借りますか（2週間） →
   3) この 車に 何人 乗りますか（8人） →
   4) いつから 富士山に 登りますか（7月1日） →

4. 例1： → 新幹線から 富士山が 見えます。
   例2： → 波の 音が 聞こえます。

   1) →　　　　2) →　　　　3) →　　　　4) →

5. 例：ここに 何が できますか。（美術館）→ 美術館が できます。
　　1）駅の 前に 何が できますか。（駐車場）→
　　2）新しい 図書館は どこに できますか。（公園の 隣）→
　　3）カレーと 定食と どちらが 早く できますか。（カレー）→
　　4）クリーニングは いつ できますか。（水曜日）→

6. 例：近くに 小さい スーパーが あります・不便です。
　　　　→ 近くに 小さい スーパーしか ありませんから、不便です。
　　1）簡単な 料理が 作れます・料理を 習いに 行きます →
　　2）朝 ジュースを 飲みました・おなかが すきました →
　　3）日曜日 休めます・なかなか 旅行に 行けません →
　　4）ことしは 雪が 少し 降りました・スキーが できませんでした →
　　5）4時間 寝ました・眠いです →
　　6）100円 あります・コーヒーが 買えません →

7. 例：ニュースを 見ますか。（英語の ニュース・日本語の ニュース）
　　　　→ 英語の ニュースは 見ますが、日本語の ニュースは 見ません。
　　1）お酒を 飲みますか。（ビール・ワイン）→
　　2）ご主人は 家の 仕事を しますか。（料理・掃除や 洗濯）→
　　3）マンガや アニメが 好きですか。（アニメ・マンガ）→
　　4）外国語が 話せますか。（英語・ほかの ことば）→
　　5）日本 料理が 食べられますか。（てんぷらや すき焼き・おすし）→
　　6）週末 休めますか。（日曜日・土曜日）→

13 聴解授業の教案例の教材

出典 （24〜25ページ）：『楽しく聞こう II』19課（文化外国語専門学校発行／株式会社凡人社発売）
文化外国語専門学校編著

I．記号を書きなさい。

例 （ b ）

1 （　　　） 2 （　　　） 3 （　　　） 4 （　　　）

5 （　　　） 6 （　　　） 7 （　　　） 8 （　　　）

9 （　　　） 10 （　　　） 11 （　　　） 12 （　　　）

II. 記号を書きなさい。

例

□ e

□ □ □

□ □

□ □ □

□

山田さん　リンさん

a．たろう	e．吉田
b．京子	f．けい子
c．さとう	g．いとう
d．ワン	h．チン
	i．田中一郎

14 聴解授業の教案例の教材

出典 （26〜27ページ）：『ストーリーと活動で自然に学ぶ日本語 いつかどこかで』7課
（株式会社スリーエーネットワーク）
萩原一彦著／イラスト：内山洋見

会話

CD 14

田中	すみません、暑中見舞い用のはがきはありますか。
郵便局員	はい、ございます。こちら、海の絵と花の絵の2種類ございますが、どちらがよろしいでしょうか。
田中	海の絵の方を50枚お願いします。
郵便局員	はい、少々お待ちください。そうしますと、50円のはがきが50枚、全部で2,500円になります。以上でよろしいでしょうか。
田中	はい。

田中広の母	はい、田中でございます。
田中広	もしもし、僕だけど。
母	ああ、広？ どうしたの？
広	今、大学時代の先生に暑中見舞いを書いてるんだけど、「久しぶり」って、敬語でどう言うのか、お母さん、知ってる？
母	「ご無沙汰しております」でしょ？
広	あ、そうか。「お久しぶりです」じゃだめなの？
母	親しい人にだったらいいけど、大学の先生みたいな人に丁寧に書くときはだめよ。
広	あと、「お元気ですか」って書きたいんだけど。

母	それなら「いかがお過ごしでしょうか」じゃない？
広	「元気にしておりますか」はだめかな？
母	だめよ。「おります」は謙譲語だから、自分のことに使うのよ。相手の人に使っちゃだめ。尊敬語と謙譲語を間違えたら、失礼よ。
広	そうか。
母	広は何にも知らないのね。大学で教えてもらわなかったの？
広	大学じゃ、そんなこと、教えないよ。専門の勉強ばっかりだから。
母	でも、それじゃ、仕事のときに困るでしょう。お客様とか、ほかの会社の人とは、ちゃんとお話できるの？
広	うん、時々、先輩から注意されるよ。
母	だめねえ、頑張りなさいよ。
広	わかってるよ。じゃ、電話切るからね。

ロールプレイ　会話文を使ってロールプレイをやってみよう。

タスク　タスクシートを使って、暑中見舞いを書いてみよう。
電子カードを送るウェブサイトで友人にカードを送ってみよう。

15 読解授業の教案例の教材

出典 （28〜29ページ）：『できる日本語準拠　たのしい読みもの55　初級&初中級』たくさん遊びたい!!
（株式会社アルク）

嶋田和子監／できる日本語教材開発プロジェクト、澤田尚美、高見彩子、有山優樹、
小林学、田坂敦子、森節子著／イラスト：岡村伊都

日本で暮らす⑫

どこ行く？　何する？

たくさん遊びたい！！

ようこそ わくわくランドへ

虹の池

施設のご案内

❶ 展望台

きれいな景色を見ることができます。春はフラワーガーデンに咲いている花がとてもきれいです！　晴れた日は富士山が見えます。

❷ 遊園地

大人から子どもまでみんなで遊ぶことができます。いちばん人気がある乗り物は「グリーンジェットコースター」です（6歳以上のお子さんから乗ることができます）。乗り物券はインフォメーションセンター、レストランオレンジ、コーヒーショップで売っています。乗り物券は1枚100円〜です。

❸ レストランオレンジ

世界のいろいろな料理を食べることができます。日曜日は「デザート食べ放題」で好きなケーキ、果物を食べることができます。2階はオープンカフェになっています。

❹ フラワーガーデン

一年中、いろいろな花が咲いています。写真を撮りたい方はぜひここでどうぞ！　春はチューリップ、秋はコスモスが咲きます。

❺ 温泉

わくわくランドでは温泉に入ることもできます。タオルは有料です（1枚100円）。露天風呂もあります。リラックスしたい方におすすめです。マッサージもあります（10分600円）。

❻ サイクリングコース

大人用、子ども用、カップルや親子で一緒に乗ることができる自転車を用意しています。インフォメーションセンターで受付をしています。

❼ お土産ショップ

ここから荷物を送ることができます。

❓ 皆さんはこのわくわくランドでどこへ行きますか。何をしますか。

☺ 皆さんの国に有名な遊園地がありますか。どうして有名ですか。

16 読解授業の教案例の教材

出典 （30～35ページ）：『中上級学習者向け日本語教材　日本文化を読む』7課
（株式会社アルク）
（公財）京都日本語教育センター、西原純子、吉田道子、桑島卓男編／イラスト：石川えりこ

⑭

るのがいやなのではなかった。譲るべきかどうか悩まなくてはならないこと、席を立っても相手が素直に座ってくれずバツの悪い思いをすること、さらに自分が譲ることでその近辺に座っている人たちに小さな罪悪感を覚えさせてしまうことがいやだったのだ。だから、彼は電車の中でもめったに座ることがなかった。

その時、不意に声がした。

彼は降車口の近くに立って、壁面に貼られている結婚式場やエステティック・サロンの広告を眺めていた。

「これ、もらっていただけませんか」

それはごく穏やかな声だったが、静かなバスの中ではことさら大きく響いた。

彼が声のする方に眼をやると、降車口より少しうしろの二人掛けの席に品のよさそうな老女が座っており、手に半分に切られた太い大根が握られていた。

そして、その隣には、すぐ前の一人掛けの席にいる少女の母親と思われる女性が座っていた。どうやら、老女がその若い母親に大根をあげようとしているらしい。

唐突なことに若い母親が戸惑っていると、老女は弁解するように言った。

15　　　　　10　　　　　5　　　　　1

問3
どうして「めったに座ることがなかった」のか。

降車口
壁面
貼る
式場
エステティック・サロン
不意に
声がする
ごく～
穏やかな
ことさら
響く
眼をやる
～人掛け
品がよい
握る

問4
「老女」、「母親」、「少女」は、それぞれどこに「座ってい」るか。
どうやら
唐突な
戸惑う

問5
どうして「戸惑っている」のか。

7 大根を半分

日常の光景から自分の生き方を問い直した文章

沢木耕太郎

⑬

その日、彼は夕方というには少し間がある時刻にバスに乗っていた。取引先の重役の家に不幸があり、彼は出入り業者の営業責任者として、通夜の準備の手伝いに行くところだったのだ。

ターミナル駅からはタクシーで行くつもりだったが、時間に多少余裕があったこともあり、ファクシミリで送ってもらった略図がバスの停留所からになっていたこともあって、バスで行くことにした。

＊

バスに乗るのは久しぶりだった。都内のマンションに住む彼は、通勤には電車を使うだけであり、仕事ではタクシーと地下鉄でほとんど用が足りていた。

乗客の大半は女性か老人で、あとは制服姿の中、高校生がいるだけだった。彼がバスに乗り込んだ時、席はまだ二つ、三つ空いていたが、あえて座らなかった。座ったあとで、席を譲らなければならなくなるのがいやだったからだ。譲

1

5

10

問1 どうしてその時刻に「バスに乗っていた」のか。

取引先
重役
不幸
出入り業者
営業
通夜
ターミナル駅
余裕がある
ファクシミリ
略図
〜こともあって

問2 どうして「バスで行くことにした」のか。

久しぶり
都内
用が足りる
大半
制服
〜姿
乗り込む
あえて
席を譲る

15

母親は東京から一時間ほど離れた地方都市に住んでいた。父が死んでからは古い借家にひとりで暮らしている。狭いマンションで一緒に暮らすよりは気楽だろうと思い、また、母親自身もそう言うのでひとりで暮らしてもらっている。

しかし、ひとりで暮らすということは、日々の生活の中で、この老女のように大根の半分をどうしようかと悩むことでもあったのだ。彼は初めて母親がひとりで暮らしているということの意味が理解できたように思えた。これまでは、あえてそのことは考えないようにしてきたところがあったのだ。

「もらっていただけませんか」

老女がまた言った。

「ええ、でも……」

若い母親のためらいの言葉を耳にしながら、なんとかもらってくれればいいが、と彼はひそかに願っていた。

「ひとりだとこんなには食べ切れないんですよ」

若い母親は、ようやくもらうべきだと判断したらしく、どういうことになる

問9 「母親」は、どんな暮らしをしているのか。
地方都市
借家
気楽な

問10 何を「考えないようにしてきた」のか。

問11
ためらう
耳にする
ひそかに
何を、どうして「願っていた」のか。
食べ切る
判断する

35

32

「ひとりなもので、一本では多すぎるんですよ。でも、一本でなければ買えないし……」

若い母親があいまいに頷くと、老女はまた言った。

「これ、もらってくださると助かるんですけど」

「いえ、でも……」

たぶん、その老女はターミナル駅のどこかの食料品売り場で買い物をしてきたのだろう。そこで大根を一本買った。それはひとり暮らしの生活ではもてあますほど太くて長い大根だったが、その売り場には一本単位でしか売りに出ていなかった。いや、もしかしたら、その老女は、たとえ半分売りがあったとしても、大根は一本で買いたいという思いがある人だったのかもしれない。そして、ビニール袋に入れる際、あまりにも長いため半分に切ってもらっておいた……。

彼はすぐに視線をまた広告に戻したが、その老女を見て母親を思い出さないわけにいかなかった。彼の母親もまた、*大根は一本でしか買いそうもないタイプだったからだ。

15
10
5
1

弁解する
あいまいに頷く
あいまいな
頷く

問6
「あいまいに頷」いた母親は、どんな気持ちか。
助かる

問7
老女と母親のやり取りから、彼はどのような想像をしたか。
もてあます
～単位

問8
「大根は一本でしか買いそうもないタイプ」とは、どんな人だと考えられるか。
～際
視線
～しないわけにはいかないタイプ

その瞬間、彼の胸が痛んだ。自分にも十歳の息子がいる。その老女が自分の
母親でもよかったのだ。
＊
あるいは、自分の母親も買い物をするたびに大根の半分に心を悩ませている
かもしれない。そうした意味では、自分が親子三人で送っている安定した東京
での生活も、離れて住む母親にいくつもの小さな悩みを押しつけることで成り
立っているといえなくもないのだ。
もちろん、母親は一緒に暮らそうと言っても断るだろう。しかし……とバス
の中で彼は思っていた。自分は、席を譲るべき人が眼の前に立っているにもか
かわらず、気づかぬふりをして狸寝入りをするような男とほとんど同じことを
＊
しているのではあるまいか、と。

1
5
10

胸が痛む

問13 どうして「胸が痛んだ」のか。

安定する
押しつける
成り立つ
いえなくもない

断る
〜にもかかわらず
〜ふりをする
狸寝入り

問14 誰が、どんなことをしている
のか。

のかと振り返って見つめていた少女に、いただこうかしら、と相談するように

言ってから、老女に向かって訊ねた。

「ほんとにいただいちゃって、いいんですか？」

「どうぞ、どうぞ」

「それじゃ遠慮なく」

すると、老女は嬉しそうに言った。

「無駄にならなくてよかったわ」

そのやりとりを聞いて、彼だけでなく、バスの中にホッとした空気が流れた

のがわかった。

＊

老女は前の席に座っている少女に声を掛けた。

「おいくつ？」

「九歳」

「まあ、大きいのね」

老女はそう言うと、ひとりごとのようにつぶやいた。

「うちの孫の方がひとつお姉ちゃんだわ」

1

5

10

15

振り返る
見つめる
訊ねる

空気が流れる
ホッとする
やりとり
無駄な

問12　どうして「ホッとした空気が
流れた」のか。

つぶやく
ひとりごと

天声人語

小さい生きものながらアリは力持ちだ。自重の50倍ほどを運ぶのもいるらしい。60㌔の人間なら3㌧にあたる。重量挙げの世界最高記録は300㌔に届かないから、大きなものも縮尺すれば認識は変わる。

▼逆に、『地球がもし100㎝の球だったら』という本によれば、海の平均水深は0・3㍉で、海水は全部でビール瓶1本ほどの量しかない。無限に思える海の、心細いほどの有限性に気づかされる。

▼その貴重な生命のゆりかごで、プラスチックごみによる汚染が進み、捨て置けない状況になっているという。世界の海へ年間に数百万㌧も流れ込むそうだ。波や紫外線で細かく砕け、「海がプラスチックのスープになっている」とも指摘される

▼生態系をむしばみ、海産物を食べる人間への影響にも不安はおよんで、国連機関は警鐘を鳴らす。日本の環境省の研究班が南極海で初の調査に乗り出すことになったと、先ごろの記事が伝えていた。

▼思えば人間は、海の包容力に甘えてきた。廃液を流し、重油を漏らし、核実験も繰り返した。近年はCO²の大量排出によって海の酸性化も心配される。自然の回復力が帳尻を合わせてくれるにも限りがあろう

▼〈陸地は、いつもすったもんだだ／……うらぶれた海よ。こんな汚染から／もう一度、きれいなからだになれ〉。高度成長のころの金子光晴の詩の一節は、地球レベルで今も過去のものではない。未来世代へ手渡すのは、詩人も願ったきらめく海でありたい。

2015・8・10

19 プライベートレッスンの教案例の教材

出典 （37～39ページ）：

『NIHONGO Breakthrough From survival to communication in Japanese』 1課
（キャプラン株式会社発行／株式会社アスク出版発売）
キャプラン株式会社編著／イラスト：花色木綿

Exchanging Business Cards

Business cards (**meishi**) are normally exchanged and examined carefully to determine a person's 'group' affiliation, before conversations are developed. Japanese enjoy exchanging cards very much. Be sure to come well stocked when planning to meet a group of Japanese people that you don't know.

Preparation of Cards
- Put cards exclusively in a **meishi case**. Don't put them in your wallet.
- Be sure to be well prepared for offering your card.
- Keep your own cards separate from those you receive.

Order of Exchanging Cards

① *Greeting*　　② *Offering a card*　　③ *Receiving a card*

- Don't offer your card over the table. You should approach the other party.
- Offer your card with your right hand and greet the other person, saying your name and company name clearly.

- When you are offered a business card, receive it with both hands.

- Keep the business card you have received on the table during the meeting. Don't fiddle with it or write anything on the card.

 CD 3 *Useful Expressions for Survival*

Do you understand English?
　　　　⇒ **Eigo ga wakarimasu ka?**

I don't understand Japanese.
　　　　⇒ **Nihon-go ga wakarimasen.**

Please write it.
　　　　⇒ **Kaite kudasai.**

Could you repeat that, please?
　　　　⇒ **Mō ichido onegaishimasu.**

Greetings

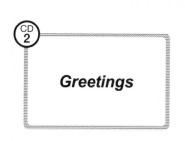

1

7:00 am

Ohayō gozaimasu. *Good morning.*

2

1:00 pm

Konnichiwa. *Hello. / Good afternoon.*

3

7:00 pm

Konbanwa. *Good evening.*

4

Sayōnara. *Good bye.*

5

9:00 pm

Oyasuminasai. *Good night.*

6

A: **Osakini shitsurei shimasu.**
Good bye.
(When you leave the office before your colleague.)

B: **Otsukaresama deshita.**
Good bye.
(When your colleague leaves the office before you.)

7

A: **Dōzo.** *Please.*
B: **Dōmo.** *Thanks.*

8

A: **Arigatō gozaimasu.** *Thank you.*
B: **Iie.** *You're welcome.*

9

Sumimasen. *Excuse me!*

10

Sumimasen. *Excuse me.*

11

Sumimasen. *I'm sorry.*

20 プライベートレッスンの教案例の教材

出典 （40～42ページ）：『タスクで学ぶ日本語ビジネスメール・ビジネス文書 適切にメッセージを伝える力の養成をめざして（本冊）』1課（株式会社スリーエーネットワーク）
村野節子、向山陽子、山辺真理子著

出典 （43～45ページ）：『タスクで学ぶ日本語ビジネスメール・ビジネス文書 適切にメッセージを伝える力の養成をめざして（別冊）』1課（株式会社スリーエーネットワーク）
村野節子、向山陽子、山辺真理子著

1課　お知らせ（社内）

役に立つ表現

以下	以下のように、開催します。 以下、会場等の情報です。
～まで	○○までお尋ねください。
よろしくお伝えください	皆さんによろしくお伝えください。
なお	数量と値段はカタログのとおりです。なお、納期についてはお問い合わせください。

◎練習1　適当なものに○をつけなさい。

(1) 準備の都合上、10日（まで・までに）ご返信ください。

(2) 不明な点がありましたら、佐藤（まで・までに）ご連絡ください。

(3) 申し込みは10日（まで・までに）受け付けます。

◎練習2　文を完成させなさい。

(1) 新商品発表会は上記のとおりです。なお、当日会場でご発注いただける場合は、

　　（　　　　　　　　　　　　　　　　　　　　　　　　　　）。

(2) 企画の概要は今述べたとおりです。なお、

　　（　　　　　　　　　　　　　　　　　　　　　　　　　　）。

問題1-1　新入社員歓迎会の日程調整

状況

あなたは包材1課の林浩です。新卒の吉井京子さんが包材1課に配属されてきたので、来週か再来週、課主催で歓迎会を開くことになりました。今日は4月11日です。

タスク

包材1課の課員宛てに、歓迎会の日程を調整するために送るメールを以下の情報をもとに作成しなさい。

・できるだけ多くの人に参加してもらいたい
・日程表を添付するので、都合の悪い日に×を付けてほしい
・日程表の返送の期限は4月18日
・歓迎会の時間は6時からの予定

問題1-2　新入社員歓迎会のお知らせ

状況

あなたは包材1課の林浩です。日程調整の結果、新入社員歓迎会は水曜日（4月27日）午後6時～8時に決まりました。

タスク

包材1課の課員宛てに、この決定を知らせるメールを以下の情報をもとに作成しなさい。

・参加できると返事をした後で、予定が変更になり参加できなくなった人は連絡してほしい
・会場は会社から歩いて5分の「焼き鳥　とびや」
・店の場所　ABCビル地下1階、TEL　03-2344-567X
・地図のURL　http://www.abcdef.co.jp/

考えよう

日時、会場などの情報が伝わりやすいようなレイアウト

問題1-3　お知らせメールへの返信

状況

あなたは包材1課の木田斗真です。4月27日（水）に行われる新入社員歓迎会の日に出張が入ってしまい、参加できなくなりました。

タスク

新入社員歓迎会取りまとめ役の林浩さん宛てに、新入社員歓迎会を欠席することを知らせるメールを以下の情報をもとに作成しなさい。

・急に出張が決まった

・出張日程は27日、28日

考えよう

世話役などに対するねぎらいの一言

1課

問題1-1解答例

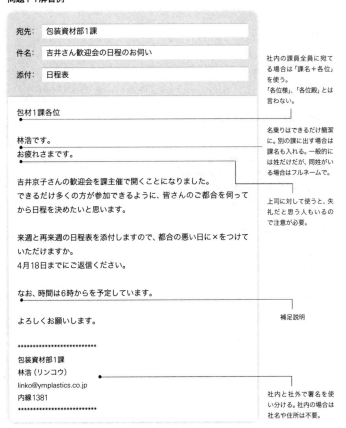

宛先：	包装資材部1課
件名：	吉井さん歓迎会の日程のお伺い
添付：	日程表

包材1課各位

林浩です。
お疲れさまです。

吉井京子さんの歓迎会を課主催で開くことになりました。
できるだけ多くの方が参加できるように、皆さんのご都合を伺って
から日程を決めたいと思います。

来週と再来週の日程表を添付しますので、都合の悪い日に×をつけて
いただけますか。
4月18日までにご返信ください。

なお、時間は6時からを予定しています。

よろしくお願いします。

****
包装資材部1課
林浩 (リンコウ)
linko@ymplastics.co.jp
内線1381
****

社内の課員全員に宛てる場合は「課名＋各位」を使う。「各位様」、「各位殿」とは言わない。

名乗りはできるだけ簡潔に。別の課に出す場合は課名も入れる。一般的には姓だけだが、同姓がいる場合はフルネームで。

上司に対して使うと、失礼だと思う人もいるので注意が必要。

補足説明

社内と社外で署名を使い分ける。社内の場合は社名や住所は不要。

43

問題1-2解答例

宛先:	包装資材部1課
件名:	吉井さんの歓迎会のお知らせ

包材1課各位

林浩です。

先日、日程調整をしました、吉井さんの歓迎会を以下の通り行います。
その後、参加できなくなった方がいらっしゃいましたら、林までご連絡ください。

日時:4月27日(水) 午後6時〜8時
場所:焼き鳥 とびや (会社から徒歩5分)
(ABCビル地下1階、TEL03-2344-567X、
地図http://www.abcdef.co.jp/)

では、よろしくお願いします。

****
包装資材部1課
林浩 (リンコウ)
linko@ymplastics.co.jp
内線1381
****

名乗りの後に「お疲れさまです」を入れてもよい。

日時や場所の情報は文章の中ではなく、一目でわかるよう1カ所にまとめる。

問題1-3 解答例

宛先:	林浩 (包材1課)
件名:	Re: 吉井さんの歓迎会のお知らせ

林浩様

木田です。
取りまとめ、ありがとうございます。

新入社員歓迎会ですが、27、28日に急な出張が入り、参加できなくなりました。
残念ですが、吉井さんはじめ、皆さんによろしくお伝えください。

****
包装資材部1課
木田斗真
tkida@ymplastics.co.jp
内線1383
****

同じ課内なので名前のみを簡潔に。

社内でも、ちょっとしたねぎらいの言葉を入れると人間関係の潤滑油になる。

出典 （46〜47ページ）『キャラクターで学ぶ　リアル日本語会話　－ようこそ前田ハウスへ』
12課（株式会社アルク）
山本弘子、松尾恵美、増田アヤ子 著

? 12 ┃ すててもいいの？

言い方で変わるメッセージをつかみましょう。

□ そろそろ：it's about time　差不多该　sắp sửa
□ かた苦しい：stuffy　死板。过于拘泥。　cứng nhắc
□ 〜の山（パンフレットの山）：pile of 〜　堆游海报堆成山（旅游海报堆成山）　núi 〜（núi trong tài liệu giới thiệu）
□ 脅す：threaten　威胁。吓唬。　đe dọa, uy hiếp
□ 許可を求める：seek permission　请求对方同意　xin phép

♥ キャラの気持ち

❶
グェン

アダムの部屋でホラー映画が見られるのはうれしいけど、ていねいな話し方をやめてもいいのかなぁ。ぼく、10歳も年下なのに。

❷
正子

今日リビングにアダムさんがいたから、パンフレットをすてるとちょっと脅したら、あわてて持って出て行った。フフフ。

🌠 Brush up 1 🎧12_4

1. 音声を聞いて、言い方を練習しましょう。

・😊？一緒に見てもいいですか？（許可を求める）
・😈すててもいいの？（プレッシャー・脅し）

2. 次のセリフを、😊（許可を求める）😈（プレッシャー・脅し）の気持ちが伝わるように言ってみましょう。

😊 許可を求める
①入ってもいい？

②これ、食べてもいい？

😈 プレッシャー・脅し
③病気になってもいいの？

④彼女にきらわれてもいいの？

💬 Discussion 1

日本では、年上の人や、初めて会った人、まだ親しくない人に、ていねいな話し方をします。みなさんの国では、どうですか。

22 オンライン授業の教案例の教材

出典 （48〜49ページ）『みんなの日本語　初級Ⅱ　第2版　本冊』42課
（株式会社スリーエーネットワーク）
鶴尾能子、石沢弘子 監／スリーエーネットワーク 編著／イラスト：佐藤夏枝、柴野和香、向井直子

練習A

1. 家を／会社を｜かう／つくる　しょうらいの／かぞくの｜ために、一生懸命 働きます。

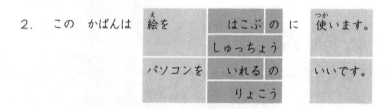

2. この　かばんは｜絵を｜はこぶ の に｜使います。｜しゅっちょう／パソコンを｜いれる の｜りょこう｜いいです。

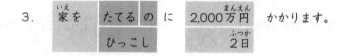

3. 家を｜たてる の｜ひっこし｜に｜2,000万円／2日｜かかります。

練習B

5. 例: 材料を 混ぜます
   → これは 何ですか。
   ……ミキサーです。 材料を 混ぜるのに 使います。
   1) お祝いの お金を 入れます →
   2) 熱を 測ります →
   3) 物を 包みます →
   4) 計算します →

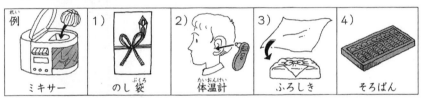

例	1)	2)	3)	4)
ミキサー	のし袋	体温計	ふろしき	そろばん

6. 例1: ここは 駅から 遠いですね。（会社に 通います・不便です）
   → ええ。 会社に 通うのに 不便です。
   例2: 大きい スーパーが できましたね。（買い物・便利です）
   → ええ。 買い物に 便利です。
   1) ここは 緑が 多くて、静かですね。
   （子どもを 育てます・いいです） →
   2) 「こどもニュース」は おもしろいですね。
   （日本語を 勉強します・役に 立ちます） →
   3) かわいい 人形ですね。（お土産・ちょうど いいです） →
   4) この かばん、軽くて 丈夫ですね。（旅行・便利です） →

7. 例: 家を 建てます・必要です（4,000万円）
   → 家を 建てるのに どのくらい 必要ですか。
   ……4,000万円 必要です。
   1) この 車を 修理します・かかります（2週間） →
   2) 東京で 生活します・必要です（月に 20万円） →
   3) 子どもを 育てます・かかります（2,000万円ぐらい） →
   4) この 論文を 書きます・かかりました（1年） →

今すぐ役立つ！　日本語授業　教案の作り方
PC：7024015